"四个走在全国前列"系列学习读本

长治久安

在营造共建共治共享社会治理格局上走在全国前列

广东省社会科学院 编

南方出版传媒
广东人民出版社
·广州·

图书在版编目（CIP）数据

长治久安：在营造共建共治共享社会治理格局上走在全国前列／广东省社会科学院编．—广州：广东人民出版社，2018.9
（"四个走在全国前列"系列学习读本）
ISBN 978-7-218-12989-1

Ⅰ．①长… Ⅱ．①广… Ⅲ．①社会管理—研究—广东 Ⅳ．①D676.5

中国版本图书馆CIP数据核字（2018）第133919号

CHANGZHI JIUAN——ZAI YINGZAO GONGJIAN GONGZHI GONGXIANG SHEHUI ZHILI GEJU SHANG ZOU ZAI QUANGUO QIANLIE

长治久安——在营造共建共治共享社会治理格局上走在全国前列
广东省社会科学院　编　　　　　　　　版权所有　翻印必究

出 版 人：肖风华

选题策划：钟永宁
责任编辑：卢雪华　曾玉寒　廖智聪　伍茗欣
封面设计：李桢涛
责任技编：周　杰　吴彦斌

出版发行：广东人民出版社
地　　址：广州市大沙头四马路10号（邮政编码：510102）
电　　话：（020）83798714（总编室）
传　　真：（020）83780199
网　　址：http://www.gdpph.com
印　　刷：广东新华印刷有限公司
开　　本：787mm×1092mm　1/16
印　　张：15.75　　插页：1　　字　数：230千
版　　次：2018年9月第1版　2018年9月第1次印刷
定　　价：38.00元

如发现印装质量问题，影响阅读，请与出版社（020-83795749）联系调换。
售书热线：（020）83795240

编委会

编委会主任：蒋 斌 王 珺

编委会副主任：刘小敏 周 薇 章扬定 赵细康
　　　　　　　袁 俊

编委会成员：（按姓氏笔画排列）
　　　　　　王 珺 左晓斯 丘 杉 向晓梅
　　　　　　刘小敏 陈再齐 周 薇 赵细康
　　　　　　袁 俊 梁 军 章扬定 蒋 斌

本书执笔人：（按写作章节顺序排列）
　　　　　　左晓斯 杨 雪 张桂金 梁理文
　　　　　　周仲高 柏 萍 黄彦瑜 刘梦琴
　　　　　　赖妙华

总　序

王　珺

2018年3月7日,习近平总书记参加十三届全国人大一次会议广东代表团审议并发表重要讲话,要求广东要在构建推动经济高质量发展的体制机制、建设现代化经济体系、形成全面开放新格局和营造共建共治共享社会治理格局上走在全国前列。这是习近平总书记在新时代赋予广东的新使命和新担当,体现了对广东未来发展的战略定位和科学谋划,以及对广东这片热土的殷殷重托与深深期盼。

近代以来广东屡开风气之先,为中国革命、建设、改革作出了重要贡献。特别是近40年来,广东作为中国改革开放的排头兵、先行地、实验区,在全国率先迈出了改革开放的第一步,为改革开放破题开局,实现以开放促改革,以改革开放促发展,并一路领先发展。广东连续29年经济总量全国第一,并为推动全国改革开放积累了经验、作出了示范、提供了借鉴,为党的实践创新和理论创新提供了丰富鲜活的实践经验。

当前,中国特色社会主义事业进入了新时代,中华民族迎来了从站起来、富起来到强起来的伟大飞跃。同时,我国社会主要矛盾已经转化为人民日益增长的美好生活需要和不平衡不充分的发展之间的矛盾,这个关系全局的历史性变化,对党和国家工作提出了许多新挑战和新要求。

广东发展也站到了新的历史起点上。"一带一路"建设、自贸区建设、粤港澳大湾区建设等给广东发展带来重大机遇。同时,作为改革开放先行地,发展不平衡不充分的矛盾在广东表现得更为突出,被过往经济高速发展所掩盖的一系列深层次问题日益突显。改革解决了旧矛盾,也迎来了新问题,体制机制、发展理念、发展路径、发展动力等还未能完全适应新时代高质量发展的要求,广东未来发展要应对的新困难、新挑战依然复杂严峻。

习近平总书记对广东提出"四个走在全国前列"的要求,为广东新时代发展指明了前进方向、提供了根本遵循。"四个走在全国前列"与广东在改革开放40年征程上"先行先试"的角色和使命,既一脉相承,又与时俱进。"四个走在全国前列"所共同指向的,既是广东必须破解的瓶颈性问题,也是党中央高度关注并迫切需要解决的全局性问题;既是关系我国经济社会发展的重大现实问题,也是关系中华民族长远发展的重大理论问题。率先探索和解决这些问题,广东责无旁贷。习近平总书记以重要讲话为广东开创工作新局面、在新时代继续走在全国前列指明了方向,广东关键是要深刻学习领会,把握精神实质,抓好贯彻落实。

今年6月召开的中共广东省委十二届四次全会,就进一步深化学习贯彻习近平新时代中国特色社会主义思想和党的十九大精神、认真落实习近平总书记参加十三届全国人大一次会议广东代表团审议时重要讲话精神、推动工作落实进行全面部署。广东省社会科学院积极贯彻落实中共广东省委十二届四次全会精神,以及省委提出的"社科理论界要围绕干部群众学习贯彻过程中提出的热点难点问题进行解读、辅导"的要求,以习近平新时代中国特色社会主义思想为指导,坚持理论联系实际,坚持国家战略与地方发展相结合,坚持新型智库建设与服务大局相结合,提早部署,率先行动,迅速组织撰写《"四个走在全国前列"系列学习读本》丛书。丛书共四本:《跨越关口——在构建推动经济高质量发展的体制机制上走在全国前列》《引领潮流——在建设现代化经济体系上走在全国前列》《内外联动——在形成全面开放新格局上走在全国前列》《长治久安——在营造共建共治共享社会治理格局上走在全国前列》。丛书力求深入浅出地阐释习近平总书记重要讲话的丰富内涵、精神实质和实践要求,重点围绕"四个走在全国前列",讲清楚习近平总书记对广东提出了什么新要求,广东目前的条件怎么样,下一步应该怎么办,并以链接方式,解释相关名词术语(关键词),介绍成功个案和经验做法。丛书作为具有一定理论概括又通俗易懂的学习读本,既为广大干部群众解答学习贯彻中的热点难点问题,又对广东如何发挥优势、弥补不足、探索新经验、实现新作为,努力走在全国前列,进行了具有积极意义的理论探索。希望能够通过丛书的编撰出版,对推动习近平新时代中国特色社会主义思想在广东大地落地生根、结出丰硕成果贡献一点智慧与力量。

2018 年 8 月

(王珺,广东省社会科学院党组副书记、院长)

目 录

引 言 …………………………………………………… 001

一 为什么要营造共建共治共享社会治理格局 ………… 005
（一）推进国家治理现代化建设的内在要求 ………… 007
（二）促进社会公平正义的理性选择 ………………… 009

二 为什么必须在营造共建共治共享社会治理格局上走在全国前列 …………………………………………… 011
（一）习近平总书记赋予广东新使命 ………………… 013
（二）广东历史发展责任 ……………………………… 014
（三）经济社会发展需要 ……………………………… 016

三 广东社会治理的优势和挑战 ………………………… 019
（一）广东社会治理走过的40年 ……………………… 021
（二）广东的优势在哪里 ……………………………… 029
（三）广东将面对怎样的挑战 ………………………… 034

四 营造广东共建共治共享社会治理格局的理念、思路与目标 ………… 037

（一）理清思路，全面开启社会治理现代化新征程 ………… 039

（二）先行先试，打造社会治理新格局示范区 ……… 046

（三）共同建设，激发社会力量活力 ……………… 049

（四）共同治理，形成和谐治理格局 ……………… 052

（五）共同享有，让人民更有幸福感 ……………… 056

五 加强社会治理制度建设 …………………………… 061

（一）广东社会治理制度建设基础扎实 …………… 065

（二）完善社会治理制度面临三大挑战 …………… 069

（三）多措并举加强广东社会治理制度建设 ……… 072

六 提高保障和改善民生水平 …………………………… 077

（一）广东提高保障和改善民生水平取得实效 …… 079

（二）民生发展存在的短板与挑战 ………………… 084

（三）进一步提高保障和改善民生水平的措施 …… 088

七 有效预防和化解社会矛盾 …………………………… 099

（一）广东社会状况总体和谐稳定 ………………… 101

（二）预防和化解社会矛盾的挑战 ………………… 107

（三）加强预防和化解社会矛盾的主要措施 ……… 115

八 健全公共安全体系 …………………………………… 119
（一）公共安全体系总体运行良好 …………………… 121
（二）公共安全仍面临诸多挑战 ……………………… 129
（三）奋力开创新时代平安广东新局面 ……………… 131

九 全面推进法治广东建设 ………………………………… 135
（一）法治广东建设向纵深推进 ……………………… 137
（二）法治广东建设面临新形势和新挑战 …………… 146
（三）全面推进法治广东建设的政策措施 …………… 147

十 加强社会心理服务体系建设 …………………………… 151
（一）广东社会心态总体理性平和、积极向上
…………………………………………………… 154
（二）广东社会心理方面存在的主要问题与挑战 …… 156
（三）健全社会心理服务体系优化广东社会心态
…………………………………………………… 159

十一 加强社区治理体系建设 ……………………………… 169
（一）社区变迁与重构带来的社区治理挑战 ………… 172
（二）广东社区治理创新实践探索 …………………… 178
（三）愿景目标、发展思路与主要措施 ……………… 185

十二 充分激发社会组织活力 ……………………………… 193
（一）社会组织发展演变考察 ………………………… 195
（二）社会组织参与社会治理 ………………………… 197

（三）社会组织治理：规范发展与社会扶持并重 …… 201
（四）发挥社会组织作用的政策措施 …………… 210

十三　化解外来人口治理难题 ………………… 215
（一）外来人口治理的广东实践 ………………… 218
（二）外来人口治理的短板与挑战 ……………… 223
（三）多措并举化解外来人口治理难题 ………… 229

主要参考文献 …………………………………… 234
后记 ……………………………………………… 238

引 言

1. 增进民生福祉是发展的根本目的

为什么人的问题,是检验一个政党、一个政权性质的试金石。带领人民创造美好生活,是我们党始终不渝的奋斗目标。必须始终把人民利益摆在至高无上的地位,让改革发展成果更多更公平惠及全体人民,朝着实现全体人民共同富裕的目标不断迈进。

增进民生福祉是发展的根本目的。必须多谋民生之利、多解民生之忧,在发展中补齐民生短板、促进社会公平正义,在幼有所育、学有所教、劳有所得、病有所医、老有所养、住有所居、弱有所扶上不断取得新进展,深入开展脱贫攻坚,保证全体人民在共建共享发展中有更多获得感,不断促进人的全面发展、全体人民共同富裕。

保障和改善民生要抓住人民最关心最直接最现实的利益问题,既尽力而为,又量力而行,一件事情接着一件事情办,一年接着一年干。坚持人人尽责、人人享有,坚守底线、突出重点、完善制度、引导预期,完善公共服务体系,保障群众基本生活,不断满足人民日益增长的美好生活需要,不断促进社会公平正义,形成有效的社会治理、良好的社会秩序,使人民获得感、幸福感、安全感更加充实、更有保障、更可持续。

2. 打造共建共治共享社会治理格局

加强社会治理制度建设，完善党委领导、政府负责、社会协同、公众参与、法治保障的社会治理体制，提高社会治理社会化、法治化、智能化、专业化水平。加强预防和化解社会矛盾机制建设，正确处理人民内部矛盾。树立安全发展理念，弘扬生命至上、安全第一的思想，健全公共安全体系，完善安全生产责任制，坚决遏制重特大安全事故，提升防灾减灾救灾能力。加快社会治安防控体系建设，依法打击和惩治黄赌毒、黑拐骗等违法犯罪活动，保护人民人身权、财产权、人格权。加强社会心理服务体系建设，培育自尊自信、理性平和、积极向上的社会心态。加强社区治理体系建设，推动社会治理重心向基层下移，发挥社会组织作用，实现政府治理和社会调节、居民自治良性互动。

3. 在营造共建共治共享社会治理格局上走在全国前列

广东是改革开放的排头兵、先行地、实验区，在我国改革开放和社会主义现代化建设大局中具有十分重要的地位和作用。党的十八大以来，在党中央坚强领导下，广东广大干部群众认真贯彻落实党中央决策部署、锐意进取、扎实工作，取得了令人瞩目的发展成就。中国特色社会主义进入新时代，广东的发展也站到了新的历史起点上。广东发展基础好、起点高，继续发展的要求也高。广东既是展示我国改革开放成就的重要窗口，也是国际社会观察我国改革开放的重要窗口。广东要带头贯彻党中央关于改革开放的重大部署，紧密联系广东实际，敢于先行先试、大胆探索、继续深化改革、扩大开放，为全国提供新鲜经验。

党的十九大对深化依法治国实践、加强和创新社会治理等作了明确部署，一个重要目的就是形成有效的社会治理、良好的社会秩序，促进社会公平正义，让人民群众安居乐业，获得感、幸福感、安全感更加充实、更有保障、更可持续。广东提出要建设成为全国最安全稳定、最公平公正、法治环境最好的地区之一，这顺应了人民群众的新期待，体现了责任和担当，要扎扎实实朝着这个目标努力。

这几年，广东在打击犯罪上力度很大，东莞扫黄、雷霆扫毒、打击电信诈骗等专项整治取得了很好的效果。同时，也要看到，当前和今后一个时期，各类犯罪活动仍然活跃多发，打击这一手仍不能放松。要按照党中央部署要求，强力扫黑，铁腕惩恶，消除病灶，铲除土壤，使黑恶势力违法犯罪得到根本遏制。要针对人民群众反映强烈的其他犯罪活动，包括涉黄、涉赌、涉毒、涉枪、涉拐骗等问题，下大力气集中惩治，打早打小、除恶务尽，切实保护人民群众生命财产安全。

广东社会结构复杂多元，社会治理难度大，要创新社会治理体制，改进社会治理方式，加快形成社会治理人人参与、人人尽责的良好局面。长治久安，关键在基层；安全稳定，重心在基层。要把资源、服务、管理放到基层，使基层有职有权有物，更好为群众提供精准有效的服务和管理。要把基层治理同基层党建结合起来，采取有力措施提高基层党组织的组织力、战斗力。对广东来说，流动人口多是社会治理的一大难题。要拓展外来人口参与社会治理的途径和方式，发挥外来人口积极性，共同营造良好社会秩序。

要把各项工作纳入法治轨道，坚持在法治轨道上统筹社会力量、平衡社会利益、调节社会关系、规范社会行为，依靠法治解决各种社会矛盾和问题，确保社会在深刻变革中既生机勃勃又井然有序。要针对人民群众反映强烈的问题，强化公正司法，让人民群众在每一个司法案件中感受到公平正义。要加大全民普法力度，使尊法学法守法用法成为广大人民群众的共同追求。

2018年6月8日召开的中共广东省委十二届四次全会表决通过《中共广东省委关于深入学习贯彻落实习近平总书记重要讲话精神奋力实现"四个走在全国前列"的决定》，明确提出要勇于担当、勤于作为、实干苦干，以时不我待、舍我其谁的改革锐劲和发展魄力，奋力实现"四个走在全国前列"、当好"两个重要窗口"目标；要以把广东建设成为全国最安全稳定、最公平公正、法治环境最好地区之一为重点，加快营造共建共治共享社会治理格局。推动社会治理重心下移，以城乡社区为基本单元，加快形成人人参与、人人尽责的良好局面。把现代科技手段与传统群防群治有机结合起来，全力维护社会安全稳定，提升依法治理水平。

一

为什么要营造共建共治共享社会治理格局

共建共治共享是社会治理现代化的基本特征。中华人民共和国成立以来，特别是改革开放以后，中国共产党和中国政府高度重视社会管理，取得了重大成绩，积累了宝贵经验。例如，坚持党委领导和政府主导，以人民群众为主体，以改善民生为追求，以公平正义为原则，以民主法治为保障等。把握治理的要义，顺应人民的期待，顺应时代的要求，就应该以最广大人民群众的利益为根本坐标，创新社会治理体制，改进社会治理方式，营造共建共治共享的社会治理格局。[1]

（一）推进国家治理现代化建设的内在要求

推进社会治理体系现代化，是完善和发展中国特色社会主义制度、推进国家治理体系和治理能力现代化的重要内容。通过加强社会治理制度建设，完善党委领导、政府负责、社会协调、公众参与、法制保障的社会治理体制，营造共建共治共享的社会治理格局，是国家治理现代化建设的内在要求。

被人们广泛运用的"治理"概念，由世界银行1989年在讨论非洲发展的报告中首次提出。[2] 20世纪90年代以来，经不断丰富和发展，其新内涵日渐清晰。例如，英国纽卡斯特大学罗斯教授指出，作为社会控制体系的治理，指的是政府

---

[1] 刘小敏、左晓斯、杨雪：《共建共享：习近平社会体制改革思想研究》，《广东社会科学》2017年特刊。

[2] Blackie M. J., *Sub-Saharan Africa: from Crisis to Sustainable Growth: A Long-Term Perspective Study*, World Bank, Washington, DC., 1989, p.60.

与民间、公共部门与私人部门之间的合作与互动。① 中国治理研究专家俞可平指出，良好的治理就是善治，善治的本质特征在于它是政府与公民对公共生活的合作管理，是两者结合的最佳状态，是使公共利益最大化的社会管理过程。② 由此可见，构建共建共治共享的社会治理体制正是社会治理现代化的基本特征。

从国内的社会变化来看，我国社会发展出现新态势：阶层结构和利益格局复杂化，财富和收入差距较大；职业选择和劳动就业市场化，社会流动加快；处于原有单位体制之外的"社会人"成为就业主体；社区社会化，在原有的熟人街道社区、单位大院社区之外，出现大量商品房陌生人社区，还有城乡接合部的杂居社区；家庭小型化，单身家庭、单亲家庭、空巢家庭等不断增多，家庭的教化功能有所弱化；价值观念发生深刻变化，需要重塑道德约束和社会信用；等等。③

总而言之，当前我国生产方式、社会结构和组织架构形态正在发生深刻变化。为了主动适应社会的新变化，党的十八届三中全会用现代社会治理概念取代传统社会管理概念，党的十八届五中全会明确提出构建全民共建共享的社会治理格局，党的十九大又进一步提出深化依法治国实践。提高保

---

① Rhodes R. A. W., The New Governance: Governing Without Government, *Political Studies*, 1996, NO. 4, pp. 652 – 657.

② 俞可平：《治理与善治》，中国社会科学文献出版社2000年版，第1—15页。

③ 李培林：《用新思想指导新时代中国的社会治理创新》，《人民日报》2018年2月6日。

障和改善民生水平，加强和创新社会治理，打造共建共治共享的社会治理格局，这也是国家治理现代化的应有之义。

（二）促进社会公平正义的理性选择

在国家治理现代化的进程中，社会治理现代化对促进社会公平正义意义尤为重大。促进社会公平正义最终是为了增进人民福祉，而人民福祉是否不断增进或者说民生是否得到保障和不断改善，正是社会公平正义的检验尺度。党的十九大明确提出，中国特色社会主义进入新时代，我国社会主要矛盾已经转化为人民日益增长的美好生活需要和不平衡不充分的发展之间的矛盾。人民群众不仅对物质文化生活提出了更高要求，在民主、法治、公平、正义、安全、环境等方面的要求也日益增长。

营造共建共治共享的社会治理格局正是不断保障和改善民生的力量源泉。党的十九大对深化依法治国实践、加强和创新社会治理等做出了明确部署，提出要抓住人民最关心最直接最现实的利益问题，既尽力而为，又量力而行。坚持人人尽责、人人享有，坚守底线、突出重点、完善制度、引导预期，完善公共服务体系，保障群众基本生活，不断满足人民日益增长的美好生活需要，形成有效的社会治理、良好的社会秩序，促进社会公平正义，让人民群众安居乐业，获得感、幸福感、安全感更加充实、更有保障、更可持续。

从保障和改善民生的具体内容上来看，党的十九大在十八大报告提出的"学有所教、劳有所得、病有所医、老有所养、住有所居"基础上增加了"幼有所育"和"弱有所扶",形成了"七有"社会建设的目标和政策。这既意味着我国综合国力有了重大提升,也体现出经济社会发展成果为大众所共享的新发展理念。特别是对"弱有所扶"的强调,体现着中国特色社会主义共建共治共享的需要,反映着社会文明程度不断提升的要求。经济社会越是发展得快,就越需要通过社会政策的支持弥合可能存在的发展差距。老年群体、病患群体、残疾群体、贫困群体等的弱势群体,在国家的扶持中才能跟上时代的步伐,与全国人民一道进入全面小康①。

营造共建共治共享社会治理格局,其核心价值在于促进社会公平正义,保证人民平等参与、平等发展的权利,更好地实现、维护和发展最广大人民的根本利益,从根本上体现了以人民为中心的发展思想。

---

① 张翼:《新时代中国社会建设的主要特征》,中国社会科学网 2018 年 2 月 14 日。

二

为什么必须在营造共建共治共享社会治理格局上走在全国前列

在营造共建共治共享社会治理格局上走在全国前列不仅是习近平总书记赋予广东的新使命，也是广东作为改革开放的排头兵、先行地、实验区需要承担的历史发展责任。随着经济社会快速发展，传统社会管理模式难以应对新形势下的各种社会问题和人民需求，也需要通过创新社会治理来优化经济社会结构、转变经济社会发展方式、释放社会活力、促进社会发展。

（一）习近平总书记赋予广东新使命

党的十八大以后，习近平总书记第一次到地方考察就选择了广东，并做出了"三个定位、两个率先"的重要指示；2017年4月4日，做出"四个坚持、三个支撑、两个走在前列"的重要批示；2018年3月7日，在参加十三届全国人大一次会议广东代表团审议时的讲话中又提出"四个走在全国前列"的新要求。这一系列重要讲话精神体现了习近平总书记对广东的期盼和对广东发展的更高要求，鲜明指出了广东的奋斗目标，并赋予了广东新的历史使命。要在营造共建共治共享的社会治理格局上走在全国前列，必须做到以下四点。

第一，要维护社会安全稳定。政治安全是国家安全的根本。要坚持把维护国家政治安全特别是政权安全、制度安全放在第一位，严密防范和坚决打击各种渗透颠覆破坏活动。要按照党中央的部署要求，强力扫黑，铁腕惩恶，使黑恶势力违法犯罪得到根本遏制，下大力气集中整治涉黄、涉赌、涉毒、涉枪、涉拐骗等各种犯罪活动，切实保护人民群众生命财产安全。

第二，推动社会治理重心向基层下移。基层是长治久安、安全稳定的关键。要把资源、服务、管理放到基层，使基层有职有权有物。要把基层治理和基层党建结合起来，采取有力措施提高基层党组织的组织力、战斗力。要拓展外来人口参与社会治理的途径和方式，发挥外来人口积极性，共同营造良好社会秩序。

第三，大力推进依法治理。要把各项工作纳入法治轨道，依靠法治解决各种社会矛盾和问题。坚持在法治轨道上统筹社会力量、平衡社会利益、调节社会关系、规范社会行为，强化公正司法。要加大全民普法力度，使尊法学法守法用法成为广大人民群众的共同追求。

第四，认真落实新时代党的建设。全面推进党的政治建设、思想建设、组织建设、作风建设、纪律建设，把制度建设贯穿其中，锻造更加坚强有力的各级党组织。要牢固树立"四个意识"、坚定"四个自信"、牢记"五个必须"，要坚决反对"七个有之"，坚决反对"圈子文化"、"码头文化"，营造风清气正的良好政治生态。

（二）广东历史发展责任

广东在改革开放上历来走在前列，因此在社会治理方面也要走在前列。正如习近平总书记在参加十三届全国人大一次会议广东代表团审议时的重要讲话中指出，广东要带头贯彻党中央关于改革开放的重大部署，紧密联系广东实际，勇于先行尝试，大胆实践探索，继续深化改革，扩大开放，为全国提供新鲜经验。

随着我国进入经济发展新常态，全球化和快速社会变迁带来"风险社会"特征，面对不断变化的科技进步和不确定环境，越来越需要通过试点来降低整体发展中的不确定性。广东发展基础好、起点高，继续发展的要求也高。面对伴随经济社会发展出现的新的社会问题，近年来，广东有针对性地开创了很多社会治理的新途径和新方法，为城市化进程中的其他地区提供了新鲜经验和实践范本。

首先，作为改革开放的实验田，广东在社会治理创新方面一贯有着"先行先试"的探索精神及丰富经验；其次，广东经济发展连续29年领跑，有条件有能力为其他省市提供先行经验；最后，广东区域发展不平衡现象仍存在，城乡二元结构明显，再加上区域内人口流动频繁、对外开放程度高以及较早开展社会治理探索等种种因素，广东的探索在全国具有较强的示范性，如果能在"营造共建共治共享社会治理格局"方面闯出路子，就能为全国的社会治理提供模范榜样。

总之，广东需要在营造共建共治共享社会治理格局上走在全国前列，探索新的社会治理格局，为其他地区提供社会治理的新理念、新路径和新方法的示范效应。努力把广东建设成为践行习近平新时代中国特色社会主义思想，向世界展示我国改革开放成就的重要窗口、国际社会观察我国改革开放的重要窗口，这是广东义不容辞的历史发展使命。

（三）经济社会发展需要

作为全国经济发展整体水平最高的省份之一，广东人民对美好生活有着更高的要求；而广东要保持经济发展继续在全国领先，要在构建推动经济高质量发展体制机制、建设现代化经济体系、形成全面开放新格局中走在全国前列，也需要通过打造共建共治共享的社会治理格局来营造良好的社会环境，吸引人才、资本等要素继续流入。社会治理不仅是解决社会问题、维持社会稳定的手段，也是释放社会活力、促进社会发展的方式。

同时，社会结构复杂多元，社会治理难度大的特点，要求广东在创新社会治理体制，改进社会治理方式上更进一步。在人口构成层面，20世纪80年代以来，珠三角地区的快速发展吸收了大量外来劳动力。2017年底，广东省户籍人口超过9300万人，常住人口超过1.1亿人，常住人口数量继续位居全国之首[1]，是我国人口流入量最多的省份。在社会意识层面，改革开放加上毗邻港澳的地缘影响带来多种思潮涌入；但是在经济和社会日益现代化的同时，广东传统文化习俗的影响依然深远。传统与现代交织、多元化的广东社会特征，既是对广东社会治理的挑战，也是广东成为社会建设先行地、

---

[1] 资料来源：《2017年广东人口变化状况分析》，广东统计信息网2018年4月18日。

实验区的条件。

此外,区域发展不平衡是制约广东进一步发展的难题。与北京、上海、天津、江苏、浙江等其他发达省市相比,广东的人均GDP、高等教育毛入学率、城乡收入差距、研发投入等短板明显,也需要通过营造共建共治共享的社会治理格局使经济社会发展互相平衡。随着粤港澳大湾区这一国际一流湾区和世界级城市群的建立,在给广东带来新的发展机遇的同时,也会使得人口进一步集聚,提出社会治理的新问题和新考验。

作为最早实行改革开放的地区,传统发展模式的弊端在广东暴露得最早也最充分,对优化经济社会结构、转变经济社会发展方式、释放社会活力、促进社会发展迫切性的体会和认识也最深刻。因此,在营造共建共治共享社会治理格局上走在全国前列,是广东经济社会发展的内在要求。

广东社会治理的
优势和挑战

40年前,党中央选择了广东,让广东在改革开放中先走一步。于是,广东为世人带来了满满的惊喜,创造了举世瞩目的发展奇迹。40年后,中国改革开放再出发,广东肩负新的历史使命。前进道路上不可避免地面临各种挑战和困难,相信广东能够克服困难,以敢想敢干的精神大胆开拓,在营造共建共治共享社会治理格局上走在全国前列。

(一)广东社会治理走过的40年

作为改革开放前沿阵地,广东探索一直被寄予厚望。2012年,习近平总书记到广东考察,殷切期望广东努力成为发展中国特色社会主义的排头兵;2017年,习近平总书记对广东工作作出重要批示,殷切期望广东努力在全面建成小康社会、加快建设社会主义现代化新征程上走在前列;2018年,在参加党的十三届全国人大一次会议广东代表团审议时,习近平总书记充分肯定广东工作,并赋予广东新时代新使命——"四个走在全国前列"。党的十八大以来,广东牢记习近平总书记的嘱托,在创新社会治理方面积极探索、大胆实践,取得了良好成效,积累了丰富的探索经验,创建了先行先试的"广东样本"。

1. 回应群众利益诉求

党的十八大以来,广东坚持以人民为中心的发展思想,顺应人民群众对美好生活的向往,从人民群众最关心最直接最现实的利益问题入手,下大力气解决好事关群众切身利益的问题,取得良好成效。

(1) 着力解决群众反映强烈的突出问题。

当前,影响广东稳定的社会矛盾类型多样,不仅历史积累的各种深层次社会矛盾日益凸显,而且不断涌现新的矛盾和问题。对此,广东坚持主动治理,以突出问题为导向,抓住重点矛盾,分类施策,集中攻坚。2014年,广东省委部署开展了"社会矛盾化解年"工作,开展以涉农问题、涉劳资纠纷、涉环保问题、涉医患纠纷和信访积案等五大领域为重点的专项治理。其中,涉农维稳专项治理,主要解决土地征用、基层干部作风、村务公开和基层换届选举等四类突出问题;预防化解处置劳资纠纷专项行动,对外来务工人员工资支付、人力资源市场秩序、社会保险、劳动用工保护等问题开展集中整治;重点项目涉环境矛盾纠纷专项治理,努力解决好"邻避"效应问题;维护医疗秩序打击涉医违法犯罪专项行动,对重大医患纠纷及"医闹"事件组织调处、查处,维护了良好的医疗秩序;信访突出问题专项治理解决了一大批信访突出问题,信访极端行为数量明显减少,信访秩序明显好转。①

(2) 开展基层治理"大会战"。

作为中国改革开放的先行地,广东基层问题和矛盾的触点多、燃点低,加强基层治理意义重大、任务艰巨。面对新的形势,站在时代的转折点上,省委决定把基层治理摆在了

---

① 陈捷生:《广东将社会矛盾化解纳入法治轨道》,《南方日报》2014年10月22日。

更加突出的位置。2015年,广东通过基础"大会诊"摸查情况,然后稳扎稳打展开涉土地、环保、房产、劳资、金融等问题专项行动。一年多的时间内,一大批突出问题得到了有效解决,一大批突出村得到了有力整治,一大批违纪违法基层党员干部得到了及时查处。

(3) 让群众办事"只进一个门"。①

为了方便群众,广东整合基层包括民政、卫生计生、国土、公安等所有面向群众的公共服务管理职能,实行"一站式"办公,"一个窗口"对外,让群众只进一个门,就能实现"一个窗口服务""一个平台办理""一个流程处置""一个机制监督",真正把综治信访维稳工作与行政服务工作紧密联系起来。

2. 众人拾柴火焰高

按照党中央的部署,广东出台并实施了社会治理创新的系列政策,引导社会成员增强主人翁精神,激发社会自治、自主、能动力量,让大众的问题由大众来解决,实现全民共建共治共享,社会治理体制创新不断向前推进。

(1) 坚持党的全面领导。

党的十八大以来,广东始终坚持党的全面领导,坚决维护以习近平同志为核心的党中央权威和集中统一领导,把党的建设贯穿社会治理各方面、全过程,加强各级党委对社会治理工作的领导,充分发挥各级党组织的领导核心作用,自

---

① 陈捷生、柯鸿海、唐林珍:《广东打造基层社会治理工作平台,群众办事"只进一个门"》,《南方日报》2017年4月12日。

觉用习近平新时代中国特色社会主义思想武装头脑、指导实践、推动工作,加强和创新社会治理,深化平安广东、法治广东建设,确保社会治理工作始终沿着正确方向前行。

(2) 激发社会组织活力。

为了进一步激发社会组织活力,充分发挥各类社会组织在承接政府职能、沟通交流等方面的积极作用,广东大力推进社会组织管理体制改革,坚持培育发展与规范管理并重,促进了社会组织健康有序发展。在创新社会治理,培育社会组织发展,深入推进社会组织改革方面,广东有很多做法都走在了全国前列。如率先实行社会组织审批登记制度改革;加大政府购买服务力度;建立社会组织孵育专项基金等。目前,广东社会组织发展步入快速增长阶段。截至2018年4月,广东省共登记社会组织65417个。[①] 随着扶持力度加大,广东社会组织的服务能力得到了提升,各类公益性社会组织的品牌影响力不断扩大,日益成为推动社会发展的一支重要生力军。

(3) 充分调动广大人民群众的参与积极性。

广大人民群众的积极参与,是营造共建共治共享社会治理格局的内在要求。为了唤起广大公众参与社会治理的责任意识,广东从群众的切身利益入手,强化共建共享的理念,采取多种措施提高公众参与的主动性和积极性。其中,比较有代表性的是中山市全民参与社会治理行动和惠州市与民共治的"四民主工作法"。中山市将全民参与作为全市的战略部署全面铺开,推动各个领域形成党政主导、社会动员、全民

---

① 资料来源:《2018年5月广东省社会组织统计数据》,广东省社会组织信息网2018年5月1日。

参与的治理体系,包括如全民修身行动、全民治安行动、全民禁毒行动等。惠州市展开创新社会治理模式——"与民共治",推行"四民主工作法",即"民主提事、民主决事、民主理事、民主监事"。"四民主工作法"的实质是一个使村民的参与权、决策权、管理权和监管权得以真正落实的"工作法"。

3. 用法治精神引领社会治理

近年来,广东致力于运用法治思维和法治方式规范政府和社会行为、化解社会矛盾、维护公众权益,不断提升社会治理科学化、现代化、法制化水平,确保社会在深刻变革中既生机勃勃又井然有序。

(1)率先推行政府权责清单制度。①

权力清单制度是依法治理的基础性工作。2013年出台《广东省法治政府建设指标体系(试行)》和《广东省依法行政考评办法》,被誉为在全国具有示范作用的"广东法治模式"②。2014年,广东再率先向社会公布省级各部门权力清单,涉及46个省直部门、694项行政审批事项。③ 以目录的形式向社会公开行政审批,目的是加强社会的监督,让群众知道政府权力的边界,让群众提出改革的意见和建议。

---

① 辛均庆:《广东省政府晒各部门权力清单》,南方网2014年5月22日。
② 王全宝:《法治广东:实验"法治GDP"》,中国新闻周刊网2015年3月16日。
③ 辛均庆:《广东省政府晒各部门权力清单》,南方网2014年5月22日。

（2）建立地方特色的公共法律服务体系。

在依法治理的实践中，广东着力构建具有广东特色的公共法律服务体系，积极发挥律师、公证、普法宣传、基层法律服务、法律援助等职能作用，在全国率先建成政府主导、覆盖城乡、多方参与、管理有效、丰富多样、优质便捷、普惠均等、可持续的公共法律服务体系。为引导群众依法表达诉求，依法维护权益，广东制定了关于开展一村（社区）一法律顾问工作的意见，组织律师到基层乡村和城镇社区担任村（居）委法律顾问或法制副主任，开展法律咨询、法制宣传教育、人民调解、法律援助和提供法律意见等服务，为矛盾化解工作提供法律服务保障。同时，加大了对困难群体、弱势群体的法律援助力度，降低法律援助门槛，更好地满足困难群众法律援助需求。至 2015 年 6 月，广东全省 25500 多个村（社区）实现一村（社区）一法律顾问全覆盖。①

4. 探索智能化治理新路

党的十九大明确提出，要提高社会治理智能化水平。广东与时俱进，以实现社会治理信息化为主题进行了智能化治理的有益探索。

（1）全面推行"一门式、一网式"政府服务模式改革。

近年来，广东全力落实中央部署要求，积极运用信息化手段创新政府管理与服务，2012 年底正式开通广东省网上办事大厅以来，广东省电子政府框架已基本建成。建设网上办

---

① 陈启任、叶文婷、丘伟平：《广东两万多个村（社区）实现法律顾问全覆盖》，中国新闻网 2015 年 7 月 29 日。

事大厅的目标之一,就是要建设公共申办审批平台,实现网上统一申办和办理,形成基于网上办事的"一门式"政务服务。办事人只需登录1次,就可办理31个省直部门的870项事项,进入所有地市分厅办理业务。"互联网+政务服务"的改革大幅降低了群众跑动次数。

(2)构建"中心+网格化+信息化"体系。

广东是经济大省,也是人口大省,防控违法犯罪、化解矛盾纠纷、排除安全隐患成为一大难题。2016年,广东省委政法委部署全面建立健全以镇街综治信访维稳中心为枢纽,以网格为基本单元,以综治维稳力量为主导,以综治信息系统为支撑,覆盖城乡社区的"中心+网格化+信息化"工作体系,并在全省逐步推开,让城市治安防控再无死角、网格员下沉一线日常巡查、治安事件通过综治信息系统"一键解决"。

5. 用专业方法解决社会问题

在快速工业化城镇化进程中,基层利益主体更加多元、诉求更加多样、问题更为复杂,粗放式、唯经验的社会治理模式已很难适应时代需要。党的十八届五中全会强调推进社会治理精细化。党的十九大明确提出提高社会治理专业化水平。按照党中央的要求,广东以专业化为基础,综合运用各种手段进行社会治理、开展社会服务,在社会治理专业化、精细化方面率先探索、先行先试。

(1)探索专业化服务,社会工作各项指标全面领先。

社会工作是我国推动社会治理创新的一个重要领域。广东利用毗邻港澳的区位优势,秉承勇于改革的传统,在实践中先行先试。围绕社会工作的专业化、职业化、本土化三条主线，广东率先探索建立现代社会工作制度，社会工作呈现出急速发展的态势，社会组织数量、政府购买服务资金总量、获全国社会工作者职业水平认证人数等三项指标，均在全国排名第一，并成为服务范围最广、服务门类最全、专业分工最细的省份。

（2）探索量化管理，"积分制"导入社会治理五大领域。①

积分制管理最初主要运用于企业管理和市场营销领域，近年来被各地广泛导入社会治理领域，其中最具代表性的东莞市将"积分制"引入社会治理的五大领域中：在公共服务领域，通过"同城共享"积分体系，有序地为外来务工人员提供入户、入学等基本公共服务；在社会管理领域，通过风险预警积分，对社会组织、异地商会、劳资矛盾、镇街领导班子等进行年度考核；在居民自治领域，通过文明行为积分，引导居民增强社会公德观念和公共责任意识；在社会信用领域，建立诚信积分奖惩机制，引导企业、个人和社会组织诚实守信；在志愿服务领域，建立服务积分互换制度，激发市民参与志愿服务的内生动力。

（3）探索标准化治理，网格化标准体系建设走在前列。②

从世界范围看，在公共服务中引入企业化的管理思想，采用标准化的管理方法是全球公共管理发展的基本趋势。佛山市南海区试点社区网格化治理，通过"大数据＋网格化＋标准化"，大大提高社会专业化和精细化治理水平。在社区治

---

① 《东莞：创新推广积分制管理 不断完善基层治理体系》，人民网2015年7月24日。

② 盛正挺、李卓、马登宇：《佛山南海制定全国首份社会治理网格化事项标准》，《南方日报》2016年12月19日。

理网格化的基础上，南海区2016年底制定了全国首份社会治理网格化事项标准，137项社会治理网格化事项标准汇编成册。社会治理网格化事项标准使区、镇（街道）、社区三级网格化机构、各部门及各岗位人员操作更加规范有序，有效提升社会治理网格化整体工作质量和工作水平。

（二）广东的优势在哪里

作为改革开放排头兵、先行地、实验区，广东理所应当在营造共建共治共享社会治理格局中走在前列，也有条件有能力承担起未来更为艰巨复杂繁重的改革发展任务。

1. 经济持续增长提供良好物质基础

40年的经济增长为社会发展提供了坚实的物质基础。顺应人民群众对美好生活的向往，发展成果由人民共享，在营造共建共治共享社会治理格局的道路上，广东有了良好的物质条件。

经济总量全国领先。广东省地区生产总值从2012年的5.8万亿元增加到2017年的8.99万亿元，连续29年居全国首位，五年年均增长7.9%。地方一般公共预算、政府性基金预算、国有资本经营预算收入合计达到1.7万亿元，其中地方一般公共预算收入2017年达到1.13万亿元，成为全国首个超万亿元的省份；进出口总额连续五年超6万亿元，出口占全国比重达27.5%。① 经济发展为广东在营造共建共治共享社会治理格局上走在全国前列奠定了坚实的物质基础。

人民生活水平不断提高。党的十八大以来，广东经济增长更具有共享性和包容性，特别是在民生领域取得一系列新成绩，一大批惠民举措落地实施，人民获得感不断增强。城镇新增就业累计775.6万人，约占全国的1/9。居民人均可支配收入达3.3万元。养老、医疗保险基本实现全覆盖，五大险种参保人数和基金累计结余均居全国第一，底线民生保障水平跃居全国前列，208万相对贫困人口实现脱贫。"创强争先建高地"取得显著成效，各类教育质量不断提高。公共文化设施网络更加完善，文明创建深入开展。人民健康水平和医疗卫生服务能力持续提升，全民健身蓬勃开展。妇女儿童、养老助残等工作取得新成效。社会治安、安全生产、食品药品安全形势持续稳定好转，全省刑事案件发案数连续4年下降，2017年生产安全事故总量比2012年下降23.4%，防灾减灾和应急管理工作稳步推进，社会保持和谐稳定。①

2. 40年艰苦探索积累丰富经验

改革开放是广东最鲜明的时代特征。广东靠改革开放起步，也靠改革开放起飞，更靠改革开放强大。广东在国家治理能力和治理体系现代化中的探索，除了社会领域的探索，还包括经济、政治、文化等各领域全方位的探索。党的十八届三中全会以来广东承接国家改革试点任务103项，数量居全

---

① 《政府工作报告——2018年1月25日在广东省第十三届人民代表大会第一次会议上》，《南方日报》2018年2月2日。

国前列。① 改革红利不断释放，经济社会发展蹄急步稳。

深化行政体制改革，提升政府公共服务能力。深化行政审批制度改革，是推动行政体制改革、转变政府职能、简政放权的重要抓手和突破口。党的十八大以来，广东坚决贯彻中央决策部署，创新思路，攻坚克难，行政审批制度改革取得扎实成效，进一步提升了政府公共服务能力。5 年多前，企业投资建设一个项目需要经过 100 个审批环节、盖 108 个章，最快也要 799 个审批工作日。如今，投资建设项目从立项到验收完成的主流程审批压缩至 30 个工作日。②

深化经济体制改革，加快推进经济结构战略性调整。在全国经济下行压力依然较大的严峻形势面前，广东却能逆势而上，经济保持中高速增长，质量效益不断提高。一方面，主动适应新常态，战略转型先行一步。通过主动转变经济发展方式，推动经济结构转型升级，坚持进行体制机制创新，不断释放经济发展的新活力。另一方面，实施创新驱动战略，保持发展动能"不断档"。在创新大潮中，广东步步为先，高新技术企业总量居全国第一，区域创新能力综合排名连续 8 年位居全国第二，有效发明专利量和 PCT 国际专利申请量保持全国第一，全省研发（R&D）人员规模保持全国第一，关键核心技术自给率达 71%，科技进步贡献率达 57%，基本达到

---

① 《深入贯彻习近平总书记治国理政新理念　新思想新战略　努力在全面建成小康社会　加快建设社会主义现代化新征程上走在前列——在中国共产党广东省第十二次代表大会上的报告》，《南方日报》2017 年 5 月 31 日。

② 罗建华：《深化行政审批制度改革　提升政府公共服务能力》，南方网 2017 年 4 月 19 日。

创新型国家和地区水平。①

深化文化体制改革,推动精神文明与物质文明协调发展。在经济社会大发展中,广东文化建设也实现了大跨越,文化强省建设的步伐更快,文化发展的成果共享面更广,人民群众的文化生活更丰富。一是率先推进文化强省建设。广东凭借改革开放尤其是文化强省建设中形成的基础底蕴和社会氛围,文化发展进入大繁荣时期,文化体制改革深入开展,公民思想道德素质和社会文明程度得到提升,公共文化体系不断完善。二是巩固壮大主流舆论的"南方声音"。广东新闻战线坚守底线勇开拓,新闻媒体传播力、引导力、影响力、公信力持续提升,重大主题宣传出新出彩,直面热点问题有效引导舆论,国内主流舆论的"南方声音"正能量不断巩固壮大。三是打造文化产业"粤军",提高文化软实力。近年来,广东文化产业快速发展,文化产业总产值连续13年居全国首位,文化产业对经济社会发展的引领和推动作用不断增强。

3. 敢为人先乃广东人精神特质

广东是海上丝绸之路的发祥地,是近代民主革命的策源地,是改革开放的先行地。广东人敢闯敢冒、敢想敢干,敢走前人没有走过的路,敢做前人没有做过的事。改革开放40年来,广东创造了许多"全国第一"的佳绩,与岭南文化敢想敢干、敢为人先的人文精神密切相关。

(1)敢想敢干——海上丝绸之路的发祥地。

珠江三角洲水网纵横,数不清的大小河流,汇成三江来

---

① 程传波:《创新让广东迎来转型发展的"胜利曙光"》,南方网2017年4月12日。

水、八门出海的珠江水系。得天独厚的天然条件，造就了广东人敢于踏浪扬帆，闯荡四海的习性。唐代的"广州通海夷道"，是中国海上丝绸之路的最早称呼，是当时世界上最长的远洋航线。唐代每日到广州贸易的外国商船有 11 艘，全年多达 4000 艘。假设每艘载客商 200 人，平均每年到广州港登岸者就有 80 万人次之多。清代，广州设立"十三行"，专门从事对外贸易。而"十三行"成为海上丝绸之路繁荣发展历史巅峰的象征。① 基于这种独特的地理环境和历史条件，岭南文化在其发展过程中不断汲取和融汇中原文化和西方文化，逐渐形成具有鲜明个性特质的区域文化。海洋文化和农耕文化的交汇融合，造就了岭南文化务实进取、开放兼容、敢为人先的鲜明特征。

（2）敢于冒险——近现代革命的策源地。

广东是近代历史上反帝抗敌的前沿阵地，是民主革命的策源地。自 1840 年鸦片战争，直至 1949 年中华人民共和国成立，在这场长达 100 多年的历史阶段中，广东一直在中国历史舞台上扮演着特别重要的角色，成为革命斗争的主战场之一。许多重大的历史事件、历史人物，常常和广东联系在一起。例如，三元里人民的抗英斗争、以康有为和梁启超为代表的戊戌变法、孙中山领导的辛亥革命、海陆丰农民运动、彭湃和毛泽东等相继主办、主持的广州农讲所、省港大罢工、北伐战争等等，一个个历史事件，广东人始终站在反帝反封建斗争的最前列。这些都是岭南文化敢于冒险精神的生动体现。

---

① 裘萍：《千年商都再造世界大都市，万里海天重续国际枢纽城》，《南方都市报》2016 年 8 月 16 日。

（3）敢为人先——改革开放的先行地。

敢为人先是广东最鲜明的时代特征，也是实现广东腾飞的关键法宝。改革开放 40 年，广东经济社会实现了跨越式发展，从落后的农业大省一跃而成为世界制造中心和国际贸易中心，成为规模最大、经济综合实力最强的省份。广东在改革开放进程中充分发挥了排头兵、先行地、实验区的作用，处处表现出敢为人先、勇于探索的精神，创造了许多全国"率先"的佳绩。从改革开放初期的特殊政策、灵活变通到全面深化改革；从率先放开价格，到建立社会主义市场经济体制；从发展"三来一补"企业，到推动转型升级，到实施创新驱动发展战略，广东人始终勇立潮头、大胆探索。

（三）广东将面对怎样的挑战

营造共建共治共享的社会治理格局，既不能复制西方国家社会治理的模式，还要在原有的社会治理理念上推陈出新，探索一条符合中国社会发展实际，更加充实、有保障、可持续的中国特色社会主义社会治理体系，任务无比艰巨。特别是当前正处在改革开放的攻坚期，国内国外各种问题相互交织，广东将面临更加复杂的社会局势和更加深刻的社会矛盾和挑战。

1. 民生诉求不断升级

近年来，广东加大保障和改善民生力度，一大批民生难题得到妥善解决。但是，随着经济社会的发展，人们对生活质量提出更高的要求，民生诉求层次不断提升，民生领域面临新的挑战和任务。目前，我国社会主要矛盾已经转化为"人民日益增长的美好生活需要和不平衡不充分的发展之间的矛盾"。人民美好生活需要日益广泛，不仅对物质文化生活提出了更高要求，而且在民主、法治、公平、正义、安全、环境等方面的需求日益增长。尽管全省基本公共服务均等化改革取得了重要成效，很多方面走在全省前列，但由于种种因素制约，基本公共服务的规模和质量仍难满足人民群众日益增长的美好生活需要，公共服务与群众新期待还有不少差距，保障和改善民生仍需做大量工作。

2. 社会局势更加复杂

受历史和现实各种因素影响，在经济社会发展取得举世瞩目成就的同时，积累的矛盾问题也不少，面临的社会局势更加复杂。一是社会结构复杂多元。广东是全国首屈一指的人口大省、经济省、网络大省，人流、物流、信息流、资金流高度密集，社会结构复杂多元，社会治理要素量大面广，治理难度较大。特别是流动人口占比高，进一步增加了社会治理的难度。人口膨胀导致交通拥挤、房价高涨，看病难、看病贵、上学难、环境污染等社会问题更加突出。二是社会矛盾纠纷多发高发。当前，涉农、涉土地、劳资、环保、房地产等领域仍是社会矛盾和不稳定事件的多发频发领域。其中不少矛盾问题的互动方式往往采取激化、尖锐的方式，增加了矛盾的复杂性和处置难度。三是现实社会问题与虚拟社会情绪相互刺激。广东的网站、网民、网络用户、手机用户、微信用户等数量均居全国首位，互联网社情民意聚集地和舆论放大器的效应越来越凸显，虚拟社会与现实社会的相互作用，加大了社会治理的复杂性。

3. 社会结构尚不理想

打造共建共治共享的社会治理格局，必须最大限度地团结一切积极力量，充分发挥各方面的积极性，汇聚各方智慧，使不同社会群体各尽所能、各得其所、和谐共处。这在很大程度上取决于对各种利益进行协调的制度建构，以及对社会与经济生活进行的有效整合。众所周知，中等收入群体是社会的"稳定器"，"两头小中间大"的橄榄型社会结构是理想的社会结构。改革开放以来，广东的社会结构步入了快速分化进程，低收入群体逐步缩小，中等收入群体逐步壮大，现代化阶层结构雏形已经形成。但是，一个明显的事实是，中间部分明显偏小，底层部分明显偏大，离"两头小中间大"的橄榄型结构还有很大差距。而且，由于社会分化导致利益主体多元化，各阶层成员缺乏阶层归属感，社会阶层之间缺乏普遍认同的公共价值观，阶层利益博弈机制不完善，社会群体之间利益关系更加复杂，加大了社会治理和社会整合的难度。

四

营造广东共建共治共享社会治理格局的理念、思路与目标

成绩不容忽视，探索永无止境。进入新时代，我国社会主要矛盾发生了变化，人民群众不仅对物质文化生活提出了更高要求，对社会治理等方面的要求也日益提高。广东是改革开放和经济建设中的排头兵、先行地、实验区，改革开放40年来的发展实践取得的一条非常重要的经验，就是在改革和发展的同时必须保持社会和谐稳定。没有和谐稳定的社会秩序，什么事都干不成。进入新时代，我们必须牢记习近平总书记的嘱托，以习近平新时代中国特色社会主义思想为指导加强和创新社会治理，在社会治理的社会化、法治化、智能化、专业化上多下工夫，全面提升社会治理能力，以钉钉子精神继续推进社会治理体系和治理能力现代化进程，锐意进取，埋头苦干，在营造共建共治共享社会治理格局上继续走在前列。

（一）理清思路，全面开启社会治理现代化新征程

创新社会治理，打造共建共治共享社会治理格局，是党的十九大报告给出的新时代社会治理领域的发展愿景。要通过完善社会治理体制，提高社会治理社会化、法治化、智能化、专业化水平。广东在未来的社会治理实践中，要准确把握新时代我国社会治理的阶段性特征和现实性问题，在社会治理的社会化、法治化、智能化、专业化上多下工夫，全面开启社会治理现代化新征程，在营造共建共治共享社会治理

格局上走在全国前列。

1. 促进社会治理社会化

习近平总书记在 2014 年庆祝全国人民代表大会成立 60 周年大会上强调，要保证人民广泛参加国家治理和社会治理，加强社会各种力量的合作协调。营造共建共享共治社会治理格局，目标是共享，核心在于共治。共治意味着要始终把各方协同、多元共治作为社会治理的着力点。即要调动一切积极因素，引导和支持社会力量参与社会治理和社会服务，动员、引导和规范公民有序参与社会事务和社会治理，充分发挥多元主体在社会治理中的协同共治作用，进而实现广东政府治理与社会调节、居民自治的良性互动，形成社会治理人人参与、人人尽责的良好局面。尤其是在基层治理中，可以充分吸收国家、市场、社会等多方力量共同参与，实现多元治理主体对社区公共事务各司其职、各负其责、合理分工、协同共治。

如何实现这一美好愿景？一是在治理思路上从重政府、轻社会向党委领导、政府主导、社会参与转变。改变过去政府在社会治理中大包大揽的做法，既要强调党委、政府的主导作用，又要鼓励和支持社会各方力量更加积极参与。二是畅通民主渠道，开展形式多样的基层协商，推进城乡社区协商制度化、规范化和程序化，突出党建引领，创新协商方式，完善协商规则。三是拓展社会力量参与社会治理的途径和方式。一方面，要厘清社会服务中政府、市场与社会的关系和责任边界，推动基本公共服务由政府提供，"非基本"公共服务主要由市场提供的模式的形成，通过政府购买社会服务，让社会组织、企业、民间团体等参与到社会治理中来；另一方面，通过搭建外来人口参与社会治理平台，推行非户籍常住人口及党员参加村社区"两委"选举，创新外来人口参与社区治理的渠道。四是大力培育和发展社会组织，培育发展行业协会、兴趣爱好协会、公益慈善类和城乡服务类的社会组织，同时规范引导社会组织有序参与社会治理，强化社会组织的监督和管理。五是必须大力培育新时代居民的社区参与意识。社区治理要求国家与社会及群众之间保持良好的互动与合作，因此社区建设与治理是一个上下互动、双向运行的管理过程，既要发挥政府自上而下的主导作用，也要有居民自下而上的参与。通过激发居民参与社区建设与治理的积极性和创造性，强化其作为社会主体的自我意识、自主精神和参与意识，积极投身社区公共事务治理。

2. 完善社会治理法治化

未来的广东社会，一定是民主法治得到充分保障的社会。民主与法治是中国社会主义政治文明和法治中国建设的目标与基本内容，是实现中国梦的双翼。民主为法治奠定基础，法治为民主提供保障，这也正是现代民主法治所追求的目标。法治将民主制度化、法律化，为民主创造可操作的、稳定的运行和发展空间，为民主的健康发展保驾护航；以民主机制形成的法律制度，更能体现公共利益的导向，使法治为保障人权、自由及促进人们的幸福生活服务。发展民主、健全法制，是社会主义制度的内在要求。构建和谐社会，最重要的是加强民主法治建设，促进社会公平正义。要让民主法治得到极大保障，就要维护社会公平正义、司法公正，努力让人民群众在每一个司法案件中都能感受到公平正义，决不能让不公正的审判伤害人民群众感情、损害人民群众权益。要牢固树立法律面前人人平等、权由法定、权依法使等基本法治观念，不断增强人民群众对法律的内心拥护和真诚信仰，切实增强全社会厉行法治的积极性和主动性，形成守法光荣、违法可耻的社会氛围，使尊法学法守法用法成为广大人民群众共同追求，确保社会在深刻变革中既生机勃勃又井然有序。

广东应该是良法善治，法治引领和推动改革发展的社会，应该是一个把权力关进笼子的社会，应该是一个人人自觉遵法守法的社会。全面依法治省，关键在落实。广东可以在以下方面着力做好民主法治保障工作：一是树立宪法的权威性。宪法是国家的根本大法，在宪法的原则下，法律至上，任何个人和团体都不能凌驾于法律之上，法律面前人人平等。党领导人民制定宪法和法律，党必须在宪法和法律的范围内活动。任何组织和个人都不得有超越宪法和法律的特权，绝不允许以言代法、以权压法、徇私枉法。因此，在社会生活的方方面面都要法治化。二是推进依法行政，加快建设法治政府。自国务院《全面推进依法行政实施纲要》颁布施行以来，各级政府以建设法治政府为目标，切实强化制度建设，努力创新工作方式，政府职能转变进程明显加快，依法行政的意识、能力和效率明显增强，办事透明度和办事效率明显提高，依法行政工作得到有效落实。三是积极稳妥地推进政治体制改革，加快中国特色的民主政治建设，扩大基层民主，保证人民依法直接行使民主权利，全面推进依法行政，加强政府立法工作，继续推进司法行政体制改革，维护司法公正。

3. 创新社会治理智能化

未来广东社会治理应当是智能化的治理，未来的广东社会也应是智能化的社会。习近平总书记指出，要更加注重科技创新，提高社会治理智能化水平。社会治理智能化，就是在网络化和网络平台基础上，运用大数据、云计算、物联网等信息技术，使我们的社会治理能够更加精准分析、精准服务、精准治理、精准监督、精准反馈，能更好地服务不同社会群体，更有效地管理好国家和社会的公共事务，在社会治理方式上实现革命性的变革。"互联网＋"如今已经在改变着大家的生活，越来越多的线下行业通过"互联网＋"的方式提升了效率、改进了用户体验。比如，二维码乘车和共享单车就是"互联网＋交通"的具体体现，而"互联网＋医疗"则大大改善了人们排队挂号、缴费、就诊等突出痛点。此外，"互联网＋政务"、"互联网＋教育"、"互联网＋金融"等等的领域，都让每一个生活在城市里的人感受到了更加智慧、便利的生活。

社会治理智能化的提出，就是针对我国当前信息的碎片化、条块化，人力和运行成本高，快速反应能力不足等问题给社会治理创新提出的新要求。大数据作为国家战略，正日益成为推动国家治理体系和治理能力现代化的核心驱动力。社会治理智能化，就是在网络化和网络空间基础上，通过大数据、云计算、物联网等信息技术，社会治理层次和水平得到提升，治理过程更加优化、更加科学、更加智慧。广东在这些科技领域具有一定的优势，社会治理领域的智能化起步也较早。要在社会治理智能化上也走在前列，广东必须更加积极推进各种信息化平台建设，按照大共享、大融合、大应用路径，最大限度发挥大数据效能，推进"雪亮工程"建设，深化视频监控资源与数据掌握、人像比对、车牌识别、智能预警等技术的融合应用，为社会治理智能化提供强大支持。

具体来看，广东可以在以下几个方面推动社会治理的智能化，提高社会治理智能化水平：一是加强顶层设计和整体推进。要大力推进《广东省促进大数据发展行动计划（2016—2020年）》的实施，加强系统规划、资源整合，把信息产业优势转化为社会治理优势。二是推进"数字"政府建设。依托大数据，以问题和需求为导向，让沉淀的数据醒过来、用起来、飞起来，推动政府转型，全面带动经济社会各领域的数字化、智能化建设。例如在医疗、养老、教育、文化、体育等领域更深入推进"互联网+"；在政府服务上深入推进"互联网+政务服务"；在社会监管上运用互联网等信息化手段，加强对儿童托育全过程监管，创新改良对食品药品的监管等。三是推进智慧城市、智慧乡村、智慧社区等的建设，实现智慧化治理。建立城市智能治理体系，完善智能城市运营体制机制，打造全覆盖的数字化标识体系；推进智慧社区建设，利用物联网、云计算、移动互联网等新一代信息技术，完善公共服务、市场服务、社会服务体系，切实为社区居民提供便捷、舒适、高效的现代化、智慧化生活环境。四是公安机关可以利用云计算开展从无到有的数据挖掘、从点到面的研判分析，打破地区、部门、警种界限，促进条块深度融合。"大数据+人工智能"不仅可以成为我们打击防范犯罪的手段，也可以汇聚成化解行业风险、推动业态升级和破解治理难题的革命性力量。

4. 提升社会治理专业化

未来的广东社会，一定是社会治理专业化水平非常高的社会。社会治理专业化的发达程度是衡量一个国家或地区社会服务和社会治理水平的重要标志。专业化是社会分工的产物，是社会进步的标志，是提高社会治理水平的必然要求。随着社会进入信息时代，人类面临的问题越来越复杂、越来越专业，必须通过专业化分工，让专门人才解决专业问题。社会治理专业化，要求社会服务和治理有专业的队伍、专业的理念、专业的技术和专业的方法。"问渠那得清如许，为有源头活水来"，在加强和创新社会治理的过程中，专业化为社会化、法治化和智能化提供了源源动力和不竭支撑，不仅可以有效整合其他"三化"中的积极因素，还能加快社会治理创新的步伐，也能促进形成党的十九大报告中明确的"共建共治共享"的社会治理格局。

目前，广东在社会治理专业化方面具有一定的优势，但与国外先进地区相比，社会治理的专业化水平尚有待提升。一是许多地方的社会治理实践还处于起步探索阶段，某些领域缺乏相关的政策制度、规范准则、技术设备以及专业人才等。二是部分人才学非所用，存在由非专业的人去处理专业的事情的情况，这既是知识结构错位和人才资源浪费，又是治理专业化不足的表现。三是社会治理的过程往往涉及不同地域、部门和学科，跨界治理对技术、人才都提出了更高的专业化要求，而目前尚难满足这种需求。要根据社会治理不同领域的特点，分别采取不同的治理模式，选择不同的社会治理主体和治理方法。

当前广东社会结构、人口结构复杂，社会治理也日趋复杂化，通过专业人才来从事专业性的社会治理工作，也显得日益紧迫。"无专精则不能成"，为此，我们要：一是建设高素质专业化干部队伍和社会治理各类人才队伍，夯实社会治理基础。二是提高综合运用专业化工作方法能力，熟练运用预测预警、风险防控、事件应急、教育感化、心理疏导、矛盾调处、利益协调、政策引导、规范执法、责任追究等机制，借助信息化手段，德法并举，实现社会治理目标。三是坚持专业化工作精神与态度，不忘初心，以人民为中心，深刻认识和把握人民日益增长的美好生活需要和不平衡不充分的发展之间的矛盾，更加自觉地维护人民利益，坚决反对一切损害人民利益、脱离群众的行为。四是培养造就一支数量充足、结构合理、素质优良的社会工作专业人才队伍。社会工作专业人才应具有一定社会工作专业知识和技能，能够在社会救助、慈善事业、社区服务、就业援助、贫困帮扶、纠纷调解等领域直接提供社会服务。

（二）先行先试，打造社会治理新格局示范区

习近平总书记要求广东要"在营造共建共治共享社会治理格局上走在全国前列"，这既是对广东长期以来社会治理成绩的肯定，也深刻洞察到广东社会治理任务的复杂性、艰巨性以及广东社会治理的示范价值。习近平总书记的嘱托要求

广东必须继续发扬"敢为天下先"的精神，肩负起先试先行、全面改革的历史重任，努力打造共建共治共享社会治理新格局示范区。

1. 完善广东社会治理制度

广东要在营造共建共治共享社会治理格局上走在全国前列，必须要有完善的社会治理制度作为前提和保障。要加强社会建设和社会治理领域的基础制度供给和制度设计，加快建立和完善与社会主义市场经济体制相适应的新型社会治理制度体系。进一步完善党委领导、政府负责、社会协同、公众参与、法治保障的社会治理体制。创新社会治理机制，注重动员各种社会力量参与社会治理，发挥社会组织作用，实现政府治理和社会调节、居民自治良性互动，形成有效、管用、节约行政成本的社会治理机制。构建更加公平和可持续的社会政策，以社会政策的完善来营造共建共治共享的社会治理格局。

2. 积极回应人民新期待

习近平总书记在十九大报告中强调："形成有效的社会治理、良好的社会秩序，使人民获得感、幸福感、安全感更加充实、更有保障、更可持续。"这充分指出了新时代社会治理的价值理念是以"人民为中心"，价值目标是促进"社会公平正义"。适应人民群众对平安生活的新要求，要加快社会治安防控体系建设，依法打击和惩治"黄赌毒黑拐骗"等违法犯罪活动，依法保护人民人身权、财产权、人格权。弘扬生命至上、安全第一的思想，健全公共安全体系，完善安全生产责任制,坚决遏制重特大安全事故。维护国家法制统一、尊严、权威,加强人权法治保障,保证人民依法享有广泛权利和自由。以平安广东建设为统领,把广东建成为全国最安全稳定、最公平公正、法治环境最好的地区之一。

3. 推动社会治理重心下移

习近平总书记在参加十三届全国人大一次会议广东代表团审议时强调,广东社会结构复杂多元、社会治理难度大,要创新社会治理体制,改进社会治理方式、加快形成社会治理人人参与、人人尽责的良好局面。长治久安,关键在基层;安全稳定,重心在基层。要把资源、服务、管理放到基层,使基层有职有权有物,更好为群众提供精准有效的服务和管理。推动社会治理重心向基层下移,要加强社区治理体系建设,围绕乡村振兴战略的总要求,加强农村基层基础工作,健全自治、法治、德治相结合的乡村治理体系。要将基层治理和基层党建结合,通过基层党组织建设,提升基层党组织的组织力和政治功能,发挥基层党组织的组织、凝聚和动员功能,将基层群众组织起来,营造共建共治共享的基层社会治理格局。

4. 全面推进依法社会治理

把社会治理纳入法治轨道,把全面依法治国基本方略落实到社会治理实践中,是社会治理创新必须遵循的方向。习近平总书记强调:"坚持在法治轨道上统筹社会力量、平衡社会利益、调节社会关系、规范社会行为,依靠法治解决各种社会矛盾和问题,确保我国社会在深刻变革中既生机勃勃又井然有序。"要善于运用法治思维、法治方式解决社会治理问题、社会矛盾和社会冲突，保证人民依法享有广泛权利和自由。把社会领域的立法工作摆到更加突出的位置，加快推进相关法律的出台和完善。

5. 提升外来人口治理能力

广东要继续发挥人口服务管理改革的引领作用，在营造国际化、法治化和便捷化的发展大环境方面继续走在全国前列。习近平总书记在参加广东代表团审议时强调，要拓展外来人口参与社会治理途径和方式，发挥外来人口积极性，共同营造良好社会秩序。进一步拓宽外来人口参与社会治理的途径，通过微信公众号、社区网络平台等信息技术手段，完善社区居民议事厅、社区居民听证办法等来实现基层群众尤其是外来人口对社会公共治理事务的充分参与，实现基层群众共建共治共享的权利。全面提升外人口治理能力，通过合理引导人口流量和流向，有效调控区域间的人口分布。通过探索创新外来人口参与社会治理的方式与方法，促进外来人口与本地人口的社会融合。

（三）共同建设，激发社会力量活力

共建即共同参与社会建设，它重在突出制度和体系建设在社会治理格局中的基础性、战略性地位，共建是基础，它的本质就是要从制度、体制和机制上保障市场和社会力量可以共同参与社会建设，而非单纯由政府决定，从而激发社会力量活力，提升社会治理能力。

------- 链 接 -------

共建的内涵

共建即共同参与社会建设。共建包括三个方面：社会事业建设、社会法治建设以及社会力量建设。社会事业建设方面，本着政府主导和政社合作的原则，通过社会的政策安排，要为包括社会组织在内的各种社会力量和各类市场主体，在教育、就业、医疗、卫生、社保等社会服务中发挥作用创造条件与空间。社会法治建设方面，人们的幸福感、获得感、安全感离不开制度的保护。因此，在相关法律法规乃至政策的制定中，在权利制度、财政制度、分配制度、社保制度的建设中，党和国家政府在担当领导角色的同时，必须真正形成社会各界和广大人民群众的民主参与机制；社会力量建设方面，不仅要求社会组织自身要具有更大的主动性，具有更多的社会建设和社会治理责任意识，而且政府应给予更多的信任、支持、助力，才能够使社会力量得到发展。

（资料来源：《共建共治共享社会治理格局的意涵解读》，《行政管理改革》2018 年第 3 期）

1. 共建社会事业

在教育、医疗、卫生、就业、社会保障以及其他公共服务与社会事业等相关领域，在坚持市场在资源配置中起决定性作用和公益事业发展由政府主导的原则下,探索社会事业的多样化供给形式。坚持政府主导和政社合作原则,通过一系列政策安排,为市场主体和各种社会力量创造发挥更多的机会。适合由社会组织提供的公共服务,交由社会组织承担。建立基本公共服务供给的市场机制,提高公共服务效率和质量。深化政府购买社会服务改革,围绕城乡居民基本生活服务需求,鼓励和引导社会组织、工青妇等枢纽型组织参与提供多层次、多样化社会公益服务。放宽公共服务投资的准入限制,创新政府公共服务投资体制,通过招标采购、合约出租、特许经营、政府参股等形式,建立公共服务多元化供给机制。

2. 共商治理机制

共同参与社会建设,必须以体制机制创新为突破口,要在治理机制改革过程中,充分吸纳不同治理主体的诉求,形成共商的治理机制。人民的获得感、幸福感和安全感,需要得到制度保护。因此,在涉及公共财政制度、收入分配制度、社会保障制度、社会安全制度等重要社会制度的构建过程中,党在发挥领导作用的同时,也必须有为不同治理主体和广大人民有序参与制度建设的落实机制。广泛动员公众参与,强化人民的主人翁意识,畅通公众参与渠道,提高公众参与水平,充分调动公众的积极性和主动性,依法有序参与社会事务,努力形成社会治理人人参与、社会建设成果人人共享的良好局面。

3. 培育社会力量

社会力量的强大是共建的基础，离开了社会力量的成熟与壮大，社会治理的共建就缺少重要主体。进入新时代，社会组织是国家治理现代化中的重要角色，是成熟市场经济发展的重要伙伴，也是社会治理和公共服务的合作者，是社会和谐与秩序稳定的影响者，是社会公益慈善文化的引领者。要大力培育社会力量，完善社会组织相关的制度建设，加大对社会组织的扶持力度，大力扶植培育枢纽型社会组织，强化行业自律与社会监管，更好地发挥社会组织在社会治理中的积极作用。充分发挥各类社会组织、经济组织、自治组织等社会力量的积极协同作用，全面提高社会治理能力。

（四）共同治理，形成和谐治理格局

共治即共同参与社会治理，它重在突出多元治理主体在社会治理中的作用与地位，共治是关键，它的本质就是要求树立大社会观、大治理观，"将党纵览全局、协调各方的政治优势同政府的资源整合优势、企业的市场竞争优势、社会组织的群众动员优势有机结合起来，打造全民参与的开放式社会治理体系"①。

---

① 李菁怡：《准确把握新时代"打造共建共治共享的社会治理格局"内涵》，《中共南京市委党校学报》2017年第6期，第110—112页。

> **链接**
>
> ### 共治的内涵
>
> 共治即共同参与社会治理。在现阶段,人们对于个人价值的实现更加关注,更加向往,因此党和政府要充分理解,参与权是民众的宪法权,也是人性需求的组成部分。物质匮乏的社会阶段,人们参与公共事务的冲动尚不突出。但是面对今天新的社会主要矛盾,马斯洛需求规律开始应验,人民对于民主、法治、公平、正义和个人价值实现的愿望日益凸显。因此,党和政府要为人民参与创造条件。
>
> (资料来源:《共建共治共享社会治理格局的意涵解读》,《行政管理改革》2018年第3期)

1. 构建共治结构

进一步完善多元共治的治理结构,明晰"政府—市场—社会"的权利边界,形成三者各司其职、各负其责、互补互助、相互制衡的治理结构。强化社会的自我服务和自我管理,调动社会资源,逐步增强社会的自立性、自主性和自治性。重点厘清政府与社会之间的关系,适应市场经济条件下社会多元化和流动性强的特点,改变计划经济条件下政府包揽社会治理的传统模式,积极培育社会治理主体,形成以社会组织为载体、城乡社区为平台、人民群众为主体的社会服务体系,不断完善以社会主体多元共治、政府社会协同善治为核心的与社会主义市场经济相适应的治理模式。

2. 培育治理主体

共治离不开多元治理主体的成熟与壮大。培育发展社会组织，加快推进社会组织服务体系建设，进一步完善社会组织孵化功能，推进社会组织服务（孵化）基地建设，为社会组织提供政策咨询、业务培训、项目指导、信息发布等"集约化"服务。有效盘活和利用好社会资源，进一步完善社会组织税收优惠政策，引导企业及相关社会力量支持、兴办公益慈善事业，拓宽社会组织的筹资渠道。发展社会企业，大力推动以服务民生和开展公益为重点的社会企业发展，按照政企分开、分类改革、试点先行、鼓励创新的原则，推动政府直接主办的公益类、经营性事业单位转变为社会企业，引导具有公益性质的养老、助残、教育培训等机构转变为社会企业。制定配套政策，加大政府购买社会企业服务力度，探索慈善、福彩、体彩等公益资源进入社会企业，鼓励基金会和社会企业合作。

-------- 链 接 --------

社会企业

目前，国内对社会企业的概念并没有清晰的界定，一般认为社会企业是通过商业手法运作，赚取利润用以贡献社会的机构，其所得盈余用于扶助弱势群体、促进社区发展及社会企业本身的投资。英国社会企业联盟（Social Enterprise UK）为社会企业的定义是运用商业手段，实现社会目的，并具有如下共同特征：一是企业导向，直接参与为市场生产产品或提供服务；二是社会目标，有明确的社会或环境目标，如创造就业机会，培训或提供本地服务，其伦理价值包括对本地社会技能建设的承诺，为实现其社会目标，其收益主要用于再投资；三是社会所有制，治理结构和所有制结构通常建立在利益相关者团体（包括员工、用户、客户、地方社区团体和社会投资者等）或代表更广泛的利益相关者对企业实施控制的托管人或董事参与基础之上的自治组织。

（资料来源：《北京市"十三五"时期社会治理规划》）

3. 优化基层自治

全面提升基层治理能力，进一步完善基层自治制度，落实好基层民主，实行民主选举、民主决策、民主管理、民主监督，保障人民群众的共治参与权利。深化社区居民自治，强化社区居委会引领居民自治的职能，发挥社区居委会在动员居民参与、服务居民群众、协调利益关系和维护基层稳定等方面的主导作用。加快新建住宅区、城乡接合部地区、农村拆迁新建小区、流动人口聚居地的社区居委会组建工作，实现对社区居民全员服务和无缝隙覆盖。提升农村基层治理能力，充分发挥基层党组织战斗堡垒作用，把基层治理同基层党建结合起来，全面提升农村基层党组织的组织力和政治功能。

（五）共同享有，让人民更有幸福感

共享即共同享有治理成果，它重在突出治理成果的归属与性质，共享是目标，它的本质就是指经济社会建设的目标不是为了少数人的利益，而是为全体人民的共同利益，经济社会建设的发展成果要让全体人民共同享有，使社会治理的成效更多、更好、更公平地惠及全体人民。

――――― 链 接 ―――――

共享的内涵

共享即共同享有治理成果，治理成果现在都是讲经济成果，在这一方面，我们充分地认识到在家庭之间、城乡之间、地域之间、群体之间，仍然存在着很大的差距。习近平总书记强调，我们追求的发展是造福人民的发展，我们追求的富裕是全体人民共同富裕。改革发展成功不成功，最终的判断标准是人民是不是共同享受到了改革发展成果。因此，共享治理成果，其一是党有决心，"只要还有一家一户乃至一个人没有解决基本生活问题，我们就不能安之若素；只要群众对幸福生活的憧憬还没有变成现实，我们就要毫不懈怠团结带领群众一起奋斗"；其二是政府有思路，按照"守住底线、突出重点"，保障低收入群体和弱势群体的基本生活；其三是国家要有共享的制度保障。唯有良好和可操作的制度是一切决心和理念的依靠，只有民主和法治基础上的制度，才能为全体人民提供安全预期，在幼有所育、学有所教、劳有所得、病有所医、老有所养、住有所居、弱有所扶上不断取得进展。治理的成果除了经济成果之外，还包括生态成果、文化成果、政治成果等，这些也是人民群众有权共享的必需消费品。方方面面的这些重要成果，都需要在党领导下由社会各方主体充分参与共同努力才能实现共享梦想。

（资料来源：《共建共治共享社会治理格局的意涵解读》，《行政管理改革》2018年第3期）

1. 健全服务体系

坚持普惠性、保基本、可持续方向，围绕保障基本民生，优化服务资源布局，增强公共服务能力，让人民群众共享更多更好的民生福祉。从解决人民群众最关心最直接最现实的利益问题入手，继续把重点民生项目纳入政府为民办实事工程。进一步加强和改进义务教育、就业服务、社会保障、基本医疗和公共卫生、公共文化和体育、养老助残、环境保护等工作，加快形成政府主导、覆盖城乡、可持续的基本公共服务体系。加强统筹协调，促进资源整合及合理配置，引导优质公共服务资源向城乡接合部和农村地区拓展延伸，推进优质公共服务资源设施向社会开放。创新社会服务供给，基本形成政府主导、社会参与、多元供给的社会服务模式。增强社区服务功能，实现社区服务体系全面覆盖。

2. 提供均等服务

进一步创新体制机制，增强公共服务供给能力，加快建立健全符合省情的、可持续的基本公共服务体系，努力提升基本公共服务水平和均等化程度。到 2020 年，广东全省基本建成政府主导、覆盖城乡、功能完善、分布合理、管理有效、可持续的基本公共服务体系，实现城乡、区域和不同社会群体间基本公共服务制度的统一、标准的一致和水平的均衡，实现人人平等地享受基本公共服务。

3. 兜牢民生底线

健全社会救助体系，夯实民生保障底线，推进综合性社会救助体系建设，实现社会救助制度内部、社会救助与其他社会保障制度之间的整合与协调，提高社会救助合力。实施脱贫攻坚工程，大力推进新时期精准扶贫，切实增强贫困地区内生发展动力，确保脱贫攻坚精准到村、到户、到人。加快贫困地区基础设施建设。实施产业发展扶贫、转移就业扶贫、教育扶贫三大行动。完善财政扶贫资金增长机制，提升贫困地区基本公共服务水平，保障贫困人口的义务教育、基本医疗、住房安全等，推动基本公共服务主要领域指标接近全省平均水平。加强地区对口帮扶，加大基本公共服务资金、项目和人才支援力度。全力推进民生改善，加强相对贫困村医疗卫生服务体系建设，逐步提高城乡居民医疗保险保障能力和大病救助水平；加大社会救助力度，把特困人员供养对象、无劳动能力低保户、丧失劳动能力的残疾人、低收入家庭中的老年人和未成年人分别纳入社会救助体系和城乡居民基本医疗保险体系，享受最低生活保障和基本医疗保障。支持残疾人事业发展，健全扶残助残服务体系，保障和改善残疾人民生，加快推进残疾人小康进程。逐步完善场所设施条件，满足农村留守儿童临时监护照料需要。关注农村偏远地区留守老人的生存状况，全力解决其生活、就医方面的困难。健全孤儿、弃婴、法定抚养人无力抚养儿童、低收入家庭重病重残等困境儿童的保障体系。

回眸过去峥嵘岁月，我们不忘初心，牢记使命；展望未来辉煌前景，我们坚定信念豪情满怀。广东一定牢记总书记的嘱托，继续肩负起先行先试的历史使命，在营造共建共治共享社会治理格局上走在全国前列。共建是基础，共治是关键，共享是目标。营造共建共治共享社会治理格局，必须始终坚持以人民为中心的价值追求，始终把为人民群众创造美好生活作为奋斗目标；必须始终坚持发展为了人民、发展依靠人民、发展成果让全体人民共享的根本遵循，不忘初心，牢记使命，千方百计为人民群众办好事、办实事、解难事，使改革发展成果惠及全体人民，不断增强人民群众的获得感、幸福感、安全感；必须始终坚持社会治理的成效由人民的实践来检验的唯一标准，脚踏实地、撸起袖子加油干，以人民同意不同意、人民高兴不高兴、人民满意不满意，作为我们一切工作的出发点和落脚点。

五

加强社会治理制度建设

俗话说，"没有规矩，不成方圆"。制度就是规矩，是用以规范各类主体行为的规则和条文。而制度建设，是指制度设计者制定制度、执行制度并在实践中检验和完善制度的动态过程。社会治理是社会建设的重要内容，也是国家治理的重要组成部分，推进国家治理体系和治理能力现代化，本身就包含了推进社会治理体系和治理能力的现代化。习近平总书记在党的十九大报告中明确提出，要"加强社会治理制度建设，完善党委领导、政府负责、社会协同、公众参与、法治保障的社会治理体制，提高社会治理社会化、法治化、智能化、专业化水平"。

链 接

现代国家治理与制度建设

当前国际上一种宏观的分析框架认为，一个国家的兴盛，意味着技术创新领先并形成与新型生产方式/生活方式相容的管理制度和管理模式。相反，一个国家的衰落，意味着该国因资源禀赋限制，或因制度障碍约束而丧失技术创新机会。在这种分析框架中，国家兴衰取决于技术创新和制度供给的契合性。因此，从一定意义上说，在给定的条件下，一个国家的强盛犹如一个组织的发展，取决于三个要素：制度、决策和执行的协调运转，因为它们共同决定了一个国家或一个组织的行动绩效。制度规定了一个国家或组织的总体目标和行为规则与规范；决策决定了一个国家或组织的行动方向和行动方式；而执行涉及一个国家或组织的集体行动能力。在这三者的关系中，制度是一种公共秩序的基础性要素。

（资料来源：《现代国家治理与制度建设》，《中国行政管理》2014年第5期，第58—63页）

广东如何进行社会治理创新？如何在营造共建共治共享社会治理格局上走在前列？这首先需要在社会治理制度上进行创新，以习近平总书记关于加强和创新社会治理的思想为指导，在完善社会治理制度、创新社会治理体制和借鉴国际经验探索社会治理新模式等方面走在全国前列。

链 接

社会治理制度是什么？

社会治理制度是指社会治理主体为了维护正常的社会秩序而制定的具有约束性的各种行政法规、章程、制度、公约的总称。它包括有权迫使人们服从的正式制度和规则，例如明文规定有严格奖惩措施的法律和各种规章制度；也包括各种人们同意或以为符合大家利益的非正式的制度安排，例如伦理道德规范、风俗习惯、村规民约、社区公约等。在我国的社会治理制度建设中，一方面要加强法治建设，推进科学立法、民主立法、依法立法，以良法促进发展、保障善治。另一方面要加强德治建设、强化道德约束、规范社会行为、调节利益关系、协调社会关系、解决社会问题。例如加强行业规范、社会组织章程、村规民约、社区公约等社会规范建设，充分发挥社会规范在协调社会关系、约束社会行为等方面的积极作用。同时，引导公众用社会公德、职业道德、家庭美德、个人品德等道德规范修身律己，自觉履行法定义务、社会责任和家庭责任，自觉遵守和维护社会秩序。同时要根据我国国情，利用我国传统文化的合理成分，充实社会治理的方式方法。

（资料来源：《十九大关于加强和创新社会治理的新理念和新举措》，人民网2017年12月11日）

（一）广东社会治理制度建设基础扎实

党的十八大以来，广东在新的发展理念指导下，适应新的形势，推出了很多创新社会治理的举措，不断完善和创新社会治理制度建设，全面形成了党委领导、政府负责、社会协同、公众参与、法治保障的社会治理体制，在发展社会组织、平安建设、"三社（社区、社会组织、社会工作专业人才）联动"等多个方面都取得了很大进展，多个地市积极参与社会治理创新，探索多元主体协同共治，逐步形成了既充满活力又和谐有序的社会治理新局面。

1. 率先探索社会治理地方立法

加强社会治理基础性制度特别是法治的建设，推进社会治理法治化，是广东社会治理创新的基础，也是保障社会治理创新成效可持续的重要依托。近年来，广东在用好用足现有法律法规政策空间的基础上，进一步加快完善社会治理领域立法，先行先试，积极开展社会治理地方立法，先后制定了《广东省社会组织条例》《广东省信访条例》《广东省社会力量参与救灾促进条例》《广东省企业集体合同条例》等地方性法规。与此同时，在立法过程中，也坚持立法协商，推行开门立法，充分动员社会力量参与立法工作。

表 5-1　近年来广东社会治理的地方立法一览表

法律名称	主要创新内容
《广东省社会组织条例》	一是改革社会组织登记管理制度，实行双重管理与直接登记并存的登记管理体制。二是降低准入门槛，简化登记程序。三是完善内部治理结构，推动建立以章程为核心的内部治理机制，不断提升社会组织的自律性、公信力和服务能力。四是加强对社会组织的培育扶持和监督管理。
《广东省信访条例》	一是建立了"一个制度"，即诉访分离制度，把涉法涉诉信访与普通信访分离开来。二是完善了两个渠道和平台，即信访工作的渠道和平台，涉法涉诉的渠道和平台。三是实施了三个规范，即依法规范源头预防、依法规范接访行为、依法规范上访秩序。
《广东省社会力量参与救灾促进条例》	一是在总则中明确参与救灾的社会力量的定义、分类、法律地位和职责；二是规范各类社会力量在灾前、灾中和灾后各环节中的活动。三是建立政府与社会力量共同救灾的协调机制，包括信息共享和发布机制、对接机制、行动协调机制，进一步整合社会力量及时、有序参与救灾。四是建立保障和监督制度。五是建立法律责任制度。
《广东省企业集体合同条例》	一是建立工资专项集体协商制度。条例专门规定了工资专项集体协商制度，对协商应当遵循的原则、协商内容和参考因素作出具体规定，以更好维护职工的合法权益。二是规范集体协商秩序。

2. 不断创新社会治理体制

在社会治理实践中，广东省以推进系统治理、依法治理、综合治理和源头治理为抓手，不断创新社会治理体制，形成了一系列政策、规范和标准，为社会治理创新提供了制度和政策基础。一是坚持党委领导。进一步明确各级党委在社会治理中的职责，建立健全社会治理工作的组织领导和督促落实机制。广东省始终把加强党的建设作为推进广东城乡基层治理的重要抓手，健全完善街（镇）、居（村）和院落、小区四级党组织体系，以上带下，以上促下，上下联动，激活党建"一盘棋"。二是政府负责。强化政府的社会服务职能，准确把握政府在经济社会领域中的角色定位，在履行好宏观调控和市场监管职能的同时，把社会治理和公共服务摆到更加突出的位置。在2014年，为加强决策系统、标准系统、信息系统建设，成立了广东省社会体制改革专项小组，出台了《广东省深化社会体制改革主要任务及分工方案》。三是社会协同。充分调动社会力量参与社会治理，切实推进简政放权。广东先后制定并公布了各级政府年度转移社会服务与管理职能目录、政府向社会组织购买服务目录、具备资质条件承接政府转移职能和购买服务的社会组织目录，在慈善、教育、养老、扶幼、助残、社区矫正、心理调适等领域率先引入专业社工服务，率先探索建立社区事务准入标准，制定社区治理主体职责清单、社区基本公共服务目录、社会企业认定标准等。以司法领域为例，截至2017年年底，全省司法行政系统与地方政府共建立社区戒毒社区康复指导站57个，基本覆盖禁毒重点地区；出台意见深化一村（社区）一法律顾问工作，全省共有1271家律师事务所、6420名律师参与。四是公众参与。不断扩大公众参与社会治理的广度和深度，建立多样化、便捷化的参与途径，尽可能地化解各方面的分歧，凝聚社会治理共识。五是法治保障。如前所述，广东既加强社会治理的法治建设，率先探索地方立法，也坚持在实践中运用法治思维与法治方式解决问题，做到社会治理于法有据、以法律服务促进社会治理、依法化解基层社会矛盾。

3. 努力提高社会治理水平

如何提高社会治理的水平，广东一直在探索。党的十八大报告提出"提高社会管理科学化水平"，党的十八届三中全会提出"提高社会治理水平"，党的十八届五中全会进一步提出"推进社会治理精细化"，党的十九大则提出"社会化、法治化、智能化和专业化"的新要求。所谓社会化，就是要坚持党的群众路线，组织和动员各方面群众积极参与社会治理，做到共建共治共享。所谓法治化，是指领导干部维护群众利益、处理社会问题、化解社会矛盾，要树立法治思维、运用法治方式，广大群众也必须依法有序理性维护自身的合法权益。智能化是指利用现代科技手段，特别是大数据和信息化等手段提高社会管理和服务的精确性和便利性。专业化要求社会治理的手段和方法符合社会治理内在规律和特点，从业人员在科学理论指导下经过专门的训练，掌握必要的知识和技能。党的十八大以来，广东在社会治理的各个领域中，一直遵循社会化、法治化、智能化、专业化的发展要求方式，成绩可圈可点。

-------- 链 接 --------

2016—2017年度广东社会治理优秀案例

由南方报业传媒集团指导、南方舆情数据研究院发起主办的第四届"粤治—治理现代化"评选出28个2016—2017年度优秀案例,这些案例生动展示了广东社会治理创新的各个领域的经验与做法,案例共分为三类:一是"政策治理创新"案例12个,主要包括三元里融合社区建设、汕头强化城市管理推进"创文"工作和罗湖公立医院改革等;二是舆情引导类案例7个,主要包括东莞舆情处置"三化"体系、防御强台风"妮妲"等;三是大数据与公共服务类案例,主要包括广东旅游大数据产业平台、禅城社会综合治理云平台等。

(资料来源:《多方融合互动共同推进治理现代化》,《南方日报》2017年4月21日)

(二)完善社会治理制度面临三大挑战

随着经济和社会的发展,社会治理面临着新的形势和任务,需要更新理念、创新体制、完善制度。近年来,广东社会治理除了参与主体不断扩大,很多探索与创新触及的社会层面越来越深广,创新要求越来越具体,治理能力的攀升遇到了制度难题。

1. 社会治理的制度供给难以跟上实践需求

推进社会治理现代化,最根本在于制度的改革和创新。当前,相关制度的缺失、滞后和不规范是许多社会矛盾产生的重要根源。广东是改革开放的先行地,也是社会治理创新的示范区，在社会治理的很多领域先行先试，探索前行。但从现状来看，广东在社会治理领域的基础制度供给和制度设计仍较薄弱，与建立和完善与社会主义市场经济体制相适应的新型社会治理制度体系仍不太相适应，与习近平总书记要求广东在营造共建共治共享社会治理格局上走在全国前列的要求仍有一定距离。从制度供给来看，当前紧缺的制度内容主要包括以下四大类：一是以公平与均等为目标的民生服务供给制度；二是以社会力量参与治理为目标的公共服务购买制度；三是以建设平安广东为目标的公共安全与治安制度；四是以基层稳定发展为目标的基层治理制度。

2. 社会治理机制创新遇到发展不平衡难题

社会治理机制创新是破解社会治理难题的关键抓手，广东针对社会治理领域的"老大难"问题或公众关注的热点问题（例如医联体、共享单车、胶囊旅馆、旅游资讯等），通过创新机制，形成了具有鲜明的时代特色和广东特色的治理模式及案例。但随着社会治理要求的提升，很多社会治理难题的解决需要系统治理，形成合力，而当前广东社会治理机制创新遇到了三重的不平衡：一是创新主体力量不平衡。从实践来看，当前社会治理的主体仍然是政府，社会组织力量依然不足，创新动力不足。二是不同部门的重视程度不平衡。社会治理难题的破解，越到后面越是一些综合性的问题，需要多个部门的协同与共治，但实践中往往出现部门间协调难、利益平衡难、共治规则制定难，协商政策执行更难的尴尬现象。三是不同区域的治理水平不平衡。在社会治理创新过程中，不同区域、不同城市以及城乡之间的创新活跃程度差异极大,珠三角地区的积极性很高,成功案例也很多,而在粤东西北地区,社会治理创新力度仍待提升。

链 接

社会治理体制机制创新的四大误区

推进社会治理体制创新,要重点厘清和避免以下四大误区:一是"维稳"诉求大于"维权"诉求,导致社会治理体制创新的价值理性迷失;二是党政包揽替代多元参与,导致社会治理的协同格局难以形成;三是风险控制重于民生建设,导致社会治理体制创新的路径依赖本末倒置;四是"即兴式"举措多于制度规范,导致社会治理体制的法治保障不足。

(资料来源:《三重能力视角下广东社会稳定治理体制建设》,《岭南学刊》2017年第6期)

---

3. 社会治理创新缺少持续固化的政策设计

社会治理创新是一项系统工程,需要系统的制度安排与政策设计。广东当前的社会治理创新呈碎片化、散点状特征,带有明显的先易后难、先行先试的率先探索阶段的特征。随着营造共建共治共享社会治理格局的不断完善,原有的发展路径已难以支撑社会治理创新工作前行,反而存在资源重复配置、资源使用效率下降以及群众对社会治理的工作认可度不高的问题。究其原因,在于探索阶段的社会治理创新工作缺少系统的制度安排,很多创新项目没有持续固化的政策设计,有些项目虽然效果很好,但实施到后期,面临着支持资金能否持续、购买主体变更以及管理模式的延续等实践操作层面的问题。如何从源头上制定政策，把经实践中检验为有效、经群众测评为满意的社会治理创新项目固化下来，是完善广东社会治理制度建设的重要方面。

（三）多措并举加强广东社会治理制度建设

在改革与社会转型过程中，新旧制度接续必然存在一些真空地带，如何有效解决社会治理制度衔接问题，需要有破有立，既要消除旧制度的约束，更要建立新的制度体系，全面系统地推进社会治理制度改革创新，实现"形成科学有效的社会治理体制，确保社会既充满活力又和谐有序"的目标要求，要重视社会治理创新的系统性、整体性和协同性，通过创新社会治理，提升社会治理能力来保障人民实现美好生活的需要。

1. 完善社会治理的制度体系

完善社会治理制度是营造共建共治共享社会治理格局的基础与前提，也是保障此种社会治理格局可持续、可复制、可推广的重要条件。广东作为社会治理创新的先行地，在下一阶段需要加强社会建设和社会治理领域的基础制度供给和制度设计，加快建立和完善与社会主义市场经济体制相适应的新型社会治理制度体系。当前需要建立和完善的主要制度包括：社会统筹和个人账户相结合的基本养老保险制度、机关事业单位养老保险制度、城乡居民基本养老保险制度、基本医疗保险制度、城乡最低生活保障制度、住房公积金制度、最严格的覆盖全过程的食品安全监管制度、食品原产地可追溯制度和质量标识制度、安全生产监管制度、防灾救灾减灾制度、社会治安综合治理制度等。

链接

社会治理需要构建四大制度

创新社会治理，需要建立和完善以下四大制度：一是社会治理主体制度。要明确党委、政府、社会组织和居民这些不同主体的责任与权利，实现各治理主体的权力和制衡。二是社会治理公开制度。包括治理基本信息的强制披露，治理过程公开和治理结果的公开。三是社会协商制度。社会治理创新亟须一种有效的社会对话和协商机制，并从法律上予以保障。四是社会治理责任制度。由于社会治理创新强调合作治理、社会参与、良性互动，这必将使得责任变得模糊或分化，必须进一步明确和界定。

［资料来源：《论社会治理创新》，《新疆师范大学学报（哲学社会科学版）》2014年第2期］

---

2. 创新社会治理机制

社会治理难题的突破口是体制机制创新，广东社会治理就是要实现从传统的重视命令式、运动式、动员式的社会治理制度向法治化、互动式、规范化的社会治理制度的转变，显著提高社会治理的社会化、法治化、智能化和专业化水平。创新社会治理机制，就是要在完善党委领导、政府负责、社会协同、公众参与、法治保障的社会治理体制基础上，着力从机制上解决当前社会治理的关键难题。一是健全重大决策社会风险评估机制。凡是推出涉及人民群众切身利益的重大决策，都要把社会风险评估作为前置程序、刚性门槛，使重大决策的过程成为党委、政府倾听民意、改善民生、化解民忧的过程，最大限度地预防和化解社会矛盾的发生。二是建立不同利益主体的诉求沟通协调机制。充分发挥人大、政协和人民团体、行业协会以及大众传媒等的社会利益表达功能，完善公共决策社会公示制度、公众听证制度、专家咨询论证制度等。三是建立调处化解矛盾纠纷综合机制，进一步完善人民调解、行政调解、司法调解联动工作体系。四是改革信访工作机制，实行网上受理信访制度，健全及时就地解决群众合理诉求机制，把涉法涉诉信访纳入法制轨道解决，建立涉法涉诉信访依法终结制度等。

3. 构建更加公平和可持续的社会政策

社会政策的目的是明确社会关系的基本方向，保障和进一步完善社会的安全和稳定，其核心是解决市场经济下居民的社会风险。要针对广东社会治理创新发展不平衡、社会治理创新难以持续固化的问题，出台更加公平和可持续的社会政策，以社会政策的完善来营造共建共治共享社会治理格局。一是构建更具公平性的社会政策。要防范社会政策本身的不公平性，着力在教育、就业、社会保障等领域出台更具公平性的社会政策，以公平、平等的社会政策来保障社会治理创新的平衡发展。二是构建可持续的社会政策。要从政策设计上防范社会治理创新项目出现短期化、碎片化现象，根据不同的服务对象特征，以服务需求与提高效率为目标，设定更长周期、可持续的社会治理创新项目，建立相对稳定的预期目标，保障社会治理创新效果的持续呈现。

提高保障和改善民生水平

带领人民创造美好生活，是我们党始终不渝的奋斗目标。社会治理必须坚持源头治理，顺应人民群众的新期待，保障和改善民生水平，让人民群众安居乐业，获得感、幸福感、安全感更加充实、更有保障、更可持续。

保障和改善民生要抓住人民最关心、最直接、最现实的利益问题，既要尽力而为，又要量力而行，一件事情接着一件事情办，一年接着一年干。必须坚守底线、突出重点、完善制度、引导预期，完善公共服务体系，保障群众基本生活，让改革发展成果更多更公平惠及全体人民，朝着实现全体人民共同富裕不断迈进。

（一）广东提高保障和改善民生水平取得实效

广东持之以恒保障和改善民生，始终把保障改善民生作为根本出发点和落脚点，持续提高保障和改善民生水平，解决了一批民生问题，人民群众获得感、幸福感不断增强。

1. 底线民生保障水平有明显提高

广东以城乡低保、医疗救助、城乡居民基础养老保险金、残疾人生活保障、孤儿生活保障为主要内容的底线民生保障体系基本建立。底线民生保障工程以坚持突出重点、守住底线、进一步加大投入为原则，加大社会救助力度，把符合条件的困难对象分别按政策纳入最低生活保障、特困人员救助供养、医疗救助等社会救助范围，以提高底线民生保障水平为目标，广东底线民生保障水平有了很大的提升，有效地保障了社会弱势群体的基本生活权益。

2. 社会保障水平稳步提高

一是广东养老、医疗保险基本实现全覆盖。养老、医疗、失业、工伤和生育五大保险参保人数和基金累计结余均居全国第一，养老、医疗、失业、工伤和生育保险参保总人数达2.68亿人，基本养老保险参保率达94%，基本医疗保险参保率达98%。

二是社会保障制度体系进一步完善。统筹城乡发展步伐加快，新型农村社会养老保险与城镇居民养老保险、新型农村合作医疗与城镇居民医疗保险率先并轨，职工养老保险与城乡居民养老保险两种制度顺畅衔接。2017年7月1日起全面实行全省统收、统支、统管。

三是保障水平稳步提高。社会保障标准自然增长机制逐步完善，保障水平总体位居全国前列。率先全面实施大病保险制度，大病保险覆盖范围进一步扩大，有效减轻大病患者特别是困难群体的医疗费用负担，有效地发挥了"保障网"和"稳定器"作用。

四是服务能力进一步提升。覆盖省、市、县、镇、村的社会保障公共服务组织体系和服务网络全面建成，社会保险信息系统网络覆盖率达93.5%，省、市、县全面建立救助申请家庭经济状况核对机制，基本实现医疗救助即时结算和医疗保险省内异地就医直接结算。①

3. 劳动就业形势平稳，创业带动就业效应明显

广东坚持实施就业优先战略，稳定扩大就业成效显著。一是就业规模持续扩大。从2012年至2017年，广东城镇新增就业累计775.6万人，约占全国的1/9。二是就业结构更加优化，劳动者素质明显提升，就业创业能力明显增强，失业风险得到有效控制，城镇登记失业率控制在2.5%以内，在全国各省区中处于较低水平。三是积极就业政策和落实机制更加完善。

4. 教育事业稳步发展，教育公平推进力度持续加大

广东实施的"创强争先建高地"取得显著成效，教育领域综合改革实现新突破，各级各类教育加快发展，教育质量不断提高。教育公平推进力度持续加大。农村家庭经济困难学生、山区和农村边远地区教师补助标准稳步提高，职业教育体系更加完善。城乡和区域教育发展差距进一步缩小，大中城市义务教育阶段"择校热"有所缓解。

5. 医疗卫生资源配置不断优化，综合服务可及性提升

医疗卫生服务体系不断完善，医疗卫生服务能力显著增强。医疗机构20分钟服务圈覆盖全省96%以上家庭，医疗卫生服务可及性明显改善。人民健康水平和医疗卫生服务能力持续提升，全民健身蓬勃开展。群众健康权益得到有力保障，

---

① 参见《广东省社会保障事业发展"十三五"规划》。

人民群众健康水平明显提高。2015年全省人均预期寿命达到77.1岁，比全国平均水平高0.8岁。居民主要健康指标居全国前列，居民健康水平总体上优于中高收入国家平均水平。① 妇女儿童、养老助残等工作取得新成效。全面开展医药卫生体制综合改革，公立医院全面取消药品加成，"三医联动"、分级诊疗、医联体建设等工作取得新进展。

6. 强化低收入困难群体住房保障，居住环境明显改善

扎实推进住房保障工作，广东城乡居民居住质量明显提高。2016年，全省再开工建设保障性住房（含租赁补贴）2.18万套（户）；新开工7.85万套（户）棚户区改造，其中国有工矿棚户区改造每套（户）补助2万元；完成12万户农村危房改造，每户补助不低于2万元，其中对原中央苏区县和少数民族自治县每户分别增加补助3500元和5000元。②

2017年广东新开工棚户区改造安置住房3.83万套，基本建成保障性住房7.51万套，超额完成国家下达的目标任务。③

7. 精准扶贫成就卓著，贫困人口持续减少

广东一直重视扶贫脱贫工作，较早开始谋划和解决扶贫问题。2009年，广东省委办公厅、广东省人民政府办公厅出台《关于我省扶贫开发"规划到户责任到人"工作的实施意

---

① 参见《广东省卫生与健康"十三五"规划》。
② 广东省社会科学院编：《广东经济社会发展报告（2017）》，广东人民出版社2017年版，第166页。
③ 参见《政府工作报告——2018年1月25日在广东省十三届人民代表大会第一次会议上》。

见》，提出从2009年开始，用3年时间，对农村家庭年人均纯收入1500元（含1500元）以下的农户，通过实施"规划到户、责任到人"扶贫开发工作责任制，采取"一村一策、一户一法"等综合扶贫措施，确保被帮扶的贫困户基本实现稳定脱贫，80%以上被帮扶的贫困人口达到农村家庭年人均纯收入2500元以上。"规划到户、责任到人"的扶贫工作模式，标志着广东成为全国率先提出并运用精准扶贫理念指导扶贫开发实践的地区。2009—2015年，广东全面完成两轮"规划到户、责任到人"扶贫开发任务，帮扶249.2万相对贫困人口实现脱贫，完成农村危房改造56.82万户和"两不具备"村庄6万余户搬迁安置。

2016年，广东开始启动新一轮脱贫攻坚工程。农村贫困人口脱贫标准提高到农村居民年人均可支配收入4000元（2014年不变价），高于农村居民年人均可支配收入2736元的国家扶贫标准。新时期精准扶贫，广东按照扶持对象精准、项目安排精准、资金使用精准、措施到户精准、因村派人（第一书记）精准、脱贫成效精准"六个精准"的要求，坚决打赢精准扶贫、精准脱贫攻坚战，确保到2018年全省156万相对贫困人口全部实现稳定脱贫，2277个相对贫困村全部出列，与全省同步率先全面建成小康社会。与国家扶贫标准相比，广东农村低保最低标准高于国家贫困线，如果按照全面落实低保兜底的扶贫战略，广东已经基本消除绝对贫困。[①]

广东扶贫脱贫工作，不仅关注数量上的调减，更关注扶

---

① 广东省社会科学院编：《广东经济社会发展报告（2017）》，广东人民出版社2017年版，第167页。

贫脱贫质量的提升。在完成"脱贫"后,广东要确保贫困人口不返贫,确保珠三角地区和粤东西北的基尼系数差别不拉大,确保区域间、城乡间的公共资源分配的公平。通过营造良好的环境,为广东贫困人口的产业脱贫、就业脱贫创造条件。

(二)民生发展存在的短板与挑战

广东民生领域还有不少短板,部分群众对上学、看病、养老、住房等诉求还很强烈,公共服务体系还须进一步完善。

1. 区域间、城乡间居民收入差距较大,粤东西北地区居民的收入水平偏低

多年来广东城乡居民收入保持平稳增长。2016年全省居民人均可支配收入30295.8元,比上年增长8.7%,扣除物价因素,实际增长6.3%。城镇居民人均可支配收入37684.3元,比上年增长8.4%,扣除价格因素影响实际增长5.9%;农村居民人均可支配收入14512.2元,比上年增长8.6%,实际增长6.5%。

但对比经济持续发展的速度,居民收入提升速度不算快,2013—2016年居民人均可支配收入年均实际增速(6.9%)低于同期经济增速1.0个百分点;对照40000元的目标值(到2018年城乡居民人均可支配收入比2010年翻番的目标),2016年居民人均可支配收入仍相差9704.2元。另外,居民收

入在国民收入分配中的比重仍然偏低。改革开放40年来，广东劳动者报酬在国民收入分配中的比重总体呈现下降趋势，从改革开放之初的60%下降到40%多。2016年居民人均可支配收入占人均GDP比重仅为41.62%，距离目标值60%尚有很大差距。①

区域间、城乡间居民收入差距较大。粤东西北与珠三角地区发展差距较大仍然是广东突出的矛盾。2016年，全省21个地市中，有15个地市的城乡居民收入水平达不到全国平均水平，其中有15个地市的城镇居民收入水平低于全国平均水平，有10个地市的农村居民收入水平低于全国平均水平。2016年，粤东西北地区的居民人均可支配收入不到珠三角的一半。粤东西北地区的居民人均收入水平，成为广东民生社会发展的一个短板。

2. 学前教育资助政策不够完善，农村基础教育质量有待提高

广东基本公共教育服务仍存在短板和薄弱环节，广东幼儿园和义务教育优质学位紧张，城乡、区域、校际差距的问题仍未有效解决。珠三角地区与粤东西北地区教育发展不平衡现象比较突出，粤东西北地区教育发展水平与现代化要求差距比较明显。教师队伍建设与教育事业发展和人才培养的要求还不相适应，教师资源在区域、城乡、校际、学科之间配置不均衡，教师管理制度有待进一步完善。

---

① 幸晓维、朱遂文、王丽莹、彭惜君：《广东五大发展理念评价指标体系监测分析》，广东统计信息网2017年9月28日。

广东基础教育质量与先进地区相比仍有较大的差距，基础教育质量有待进一步提高，一些偏远落后农村地区的教育质量差距尤其严重。虽然教育创强提升完善了农村学校的硬件设施和办学条件，同时实施"山区和农村边远地区义务教育学校教师生活补助"政策对农村教师起到了较好的稳定作用，但是农村学校师资队伍建设仍存在较大的不足，教育质量难以得到保障。部分农村教师教学观念落后，教学专业化程度不高。教师的流动多是单向性流动，即从乡镇流向县城的多，造成城乡教育质量差距较大。

3. 医疗卫生资源总量不足，且配置不均衡问题突出

广东医疗卫生资源总量不足、医疗卫生服务压力较大的问题非常突出。一方面，广东省的医疗卫生资源从人、财、物方面衡量，均落后于全国平均水平。2016年，广东每千人拥有医疗卫生机构床位数为4.23张，居全国第30位；每千人拥有执业（助理）医师数2.21人，低于全国2.31人的平均水平。

广东医疗资源配置不均衡问题突出，医疗资源配置与医疗服务供给主要集中于城市公立医院，农村的人均医疗卫生资源占有量少，且低于全国平均水平。2016年，广东农村每千人医卫机构床位2.85张，每千人执业（助理）医师1.42人，每千人注册护士1.37人，而同期全国平均水平为3.91张、1.59人、1.49人，三个指标数均低于全国平均水平。农村医疗卫生服务可谓基础设施薄弱，人才缺乏，医疗服务能

力弱,医疗卫生服务水平和效率低。①

4. 养老服务供给不足,服务质量和服务水平偏低

养老服务是民生社会建设的重要内容。广东是全国第一人口大省,也是老年人口大省,养老服务需求较大。近年来,广东积极应对人口老龄化问题,推进养老服务业的发展,但广东养老服务水平在全国仍处于滞后状态,面对养老服务需求的快速增长,广东明显供给不足。广东养老服务还存在供给结构失衡问题,一是养老服务层次存在结构性缺陷,表现在价格合理、质量好的养老服务产品匮乏,造成老年群体无处养老和床位出现"虚假过剩"的双重困境;二是养老服务发展区域不平衡,全省的养老床位相对集中在经济发达的珠三角地区,而欠发达的粤东西北地区床位少、机构分散、设施简陋、服务档次偏低;三是养老服务功能结构不合理,表现在养老服务专业化水平低,养老床位配置结构不合理,普通养老床位过多,护理床位紧缺。

5. 低保人口覆盖面过窄,困难群体的生活保障能力不足

城乡居民最低生活保障,属于底线民生,是社会保障的重要组成部分。最低生活保障水平体现在最低生活保障覆盖面、最低生活保障标准、低保支出水平(即补差水平)及支出与消费之比等指标上。虽然广东逐年提高城乡低保标准和支付水平,并跃居全国前列,但低保人口覆盖面仍过窄,并低于全国平均水平。2015 年,广东城镇纳入低保人数占户籍

---

① 数据来源:《中国统计年鉴 2017》,中国统计出版社 2017 年版。

人口的 0.56%，农村低保人数占户籍人口的 3.91%，均大大低于同期全国的 2.21% 和 8.13%。

低保支出与居民消费支出的比值，可反映低保支出对低保对象的生活保障能力。2016 年广东城市居民最低生活保障人均支出 5656.26 元，与城镇居民人均消费之比为 0.22，居全国第 21 位；农村居民最低生活保障人均支出 2612.72 元，与农村居民人均消费之比为 0.235，居全国第 22 位。从消费水平测量，低保支出水平对困难群体的生活保障能力仍显不足。

（三）进一步提高保障和改善民生水平的措施

广东实践以人民为中心的发展思想，坚持在发展中保障和改善民生，把人民对美好生活的向往作为奋斗目标，实现好、维护好、发展好人民群众最关心、最切身的就业、社会保障、收入分配等根本利益。为此广东须加快建设教育强省、健康广东，实现基本公共服务水平的提升，让人民群众获得更高水平的民生保障，共享发展成果，切实增强人民群众的获得感、幸福感、安全感。

1. 优化教育结构，办好公平而有质量的教育

建设教育强国是中华民族伟大复兴的基础工程，必须把教育事业放在优先位置，加快教育现代化，办好人民满意的

教育。

一是推进各级各类教育协调发展，构建相互开放、衔接融通的国民教育体系和终身教育体系。办好学前教育、义务教育、高中阶段教育，完善现代职业教育体系，加快高水平大学、高水平理工科大学和重点学科建设。

二是加快推进义务教育城乡一体化发展，进一步缩小城乡、区域、校际间教育发展差距。高度重视农村义务教育，办好学前教育、特殊教育和网络教育，普及高中阶段教育，努力让每个孩子都能享有公平而有质量的教育。健全学生资助制度，使绝大多数城乡新增劳动力接受高中阶段教育、更多接受高等教育。

三是做好异地务工人员随迁子女受教育工作。"十三五"时期，广东要实现1300万农业转移人口市民化，异地务工人员随迁子女受教育问题逐渐凸显。进一步完善异地务工人员随迁子女平等接受义务教育政策，在公办学位不足的地方鼓励政府通过购买民办学校学位的方式，保障符合条件的异地务工人员随迁子女的就学权利。

四是在推动珠三角地区率先实现教育现代化的同时，支持粤东西北地区加快提升教育现代化水平。加快推进粤东西北地区教育发展，加大粤东西北地区教育转移支付力度，扩大粤东西北地区优质教育资源覆盖面。加强珠三角与粤东西北地区教师对口帮扶工作，加快提升粤东西北地区义务教育均衡优质标准化发展水平。

2. 实施积极的就业政策，实现更高质量和更充分就业

就业是最大的民生，要坚持就业优先战略和积极就业政

策,实现更高质量和更充分就业,实现就业规模持续扩大,就业结构更加优化,就业质量稳步提升。"十三五"期间实现城镇新增就业550万人以上,城镇登记失业率控制在4%以内。

一是鼓励创业带动就业。大力推动大众创业、万众创新,加快创业孵化体系建设。要落实既有的各项支持政策,帮助创业者解决实际困难和问题。积极发展劳动力、技术、资本等要素市场,解决好创业者资源要素短缺问题。积极搭建创业载体和发展平台,引导社会资金投向地方优势资源的开发和特色产业发展上来。

二是提供全方位公共就业服务,依托公共就业服务机构,为创业者提供政策咨询、项目推介、开业指导、融资服务、补贴发放等"一站式"创业服务。深入实施高校毕业生就业创业促进计划和基层成长计划,促进高校毕业生等青年群体和外来务工人员多渠道就业创业。

三是破除妨碍劳动力、人才社会性流动的体制机制弊端,使人人都有通过辛勤劳动实现自身发展的机会。破除劳动力、人才市场种种市场壁垒和歧视性政策规定。消除就业歧视政策,特别是针对外来务工人员和女性劳动者的不合理就业限制条件,推动国有单位公平公正择优录取人员。深入推进全民技能提升储备计划,加强培训转移就业服务,促进农村富余劳动力有序外出就业和就近转移就业。

四是强化就业困难人员就业援助,健全失业保险促进和稳定就业机制,妥善解决去产能淘汰的企业下岗职工的安置问题。深入推进全民技能提升储备计划,加强培训转移就业服务,扎实抓好异地务工人员、城镇就业困难人员等群体就业。

五是大规模开展职业技能培训,提升劳动者就业技能素质。尤其要加强对中低收入群体的职业培训、教育投入,提高其就业的竞争能力。

六是完善就业目标责任制考评制度,将稳定和扩大就业作为考核各级政府政绩的重要内容,建立、实施公共投资和重大项目建设带动就业评估机制。

3. 深化收入分配制度改革,促进收入分配更合理、更有序

广东要坚持按劳分配原则,完善按要素分配的体制机制,履行好政府再分配调节职能,拓宽居民劳动收入和财产性收入渠道,促进收入分配更合理、更有序。要缩小收入分配差距,扩大中等收入群体,增加低收入者收入,调节过高收入,取缔非法收入,实现居民收入增长与经济增长同步。

一是深化工资收入分配制度改革。要以增加低收入职工收入、规范分配秩序、缩小不合理收入差距为重点,努力实现居民收入增长和经济发展同步、劳动报酬增长和劳动生产率提高同步,进一步健全完善合理有序的收入分配格局。

二是推进基本公共服务均等化,用基本公共服务的均等化来增加低收入群体收入。城市居民拥有的教育水平是影响居民收入差距的重要因素,要促进居民之间教育水平的均等化,缓解收入差距。政府要加大对农村基本公共服务的财政投入,充分发挥财政对收入分配的调节功能,加大社会保障支出在财政支出中的比重,按照基本公共服务均等化原则,增大对落后地区和低收入群体的财政转移支付,以健全的社

会保障和基本公共服务供应体系，增进低收入者的抗风险能力和就业能力，改善低收入者的生存和增收条件。

三是以积极举措促进农民增收。要扶持低收入农户产业开发，拓宽低收入农户增收渠道。加快农村剩余劳动力转移，促进农民工资性收入稳步增长。加大各级财政对农业和农村的投入，提高农民转移性收入。逐步将贫瘠山区农民迁移到经济较好的地区，改善低收入农户生存发展环境。扩大对农村的金融服务支持，促进低收入农户创业发展。

四是让劳动者获得更多收入分配的机会。为使劳动者获得更多收入分配的机会，必须进一步改革现行的收入分配体制。一方面要提高初次分配的比例，体现劳动者应有价值。另一方面要切实改革再次分配机制，降低中低收入劳动者的税负。

五是让劳动者获得更多财产性收入的机会。当今，财产性收入是日益重要的增收渠道，首先要提高普通劳动者的收入水平，使其劳动收入超过消费支出，将剩余的劳动收入转变为财产。其次是要开辟更多适合小客户的金融、理财产品。最后要通过社会教育培训等途径，提高普通劳动者的金融理财知识技能。

4. 完善社会保障体系，全面建成多层次社会保障体系

按照兜底线、织密网、建机制的要求，全面建成覆盖全民、城乡统筹、权责清晰、保障适度、可持续的多层次社会保障体系。

一是要深化养老保险重点领域改革。完善城镇职工基本养老保险和城乡居民基本养老保险制度，完善企业年金和职

业年金的税收优惠政策。贯彻实施机关事业单位养老保险制度改革，同步建立职业年金，鼓励符合条件的非公有制经济组织建立企业年金。进一步完善养老保险基金省级统筹，对接基础养老金全国统筹。

二是完善统一的城乡居民基本医疗保险制度和大病保险制度。整合城镇职工基本医疗保险和城乡居民基本医疗保险两项制度，统一参保、缴费、待遇和管理，建立一体化的基本医疗保险制度，健全涵盖住院、门诊特定病种、普通门诊和大病保险的保障体系。优化整合大病保险政策，完善委托管理和风险分担机制。鼓励发展补充医疗保险和商业健康保险。深化医疗保险支付制度改革。

三是进一步完善失业、工伤保险制度。推进扩大失业保险基金支出范围试点，贯彻落实失业保险援企稳岗政策。完善失业保险金申领办法，提高基金使用效率。探索建立失业保险省级统筹制度。完善预防、补偿、康复相结合的工伤保险制度体系，巩固和完善工伤保险基金市级统筹，积极推进省级统筹工作。

5. 完善最低生活保障制度，提高底线民生保障水平

提高底线民生保障水平，以城乡最低生活保障、特困人员供养、医疗救助、残疾人保障、孤儿保障、城乡居民养老保险为主要内容，建立起与广东经济社会发展水平相适应、覆盖城乡的底线民生保障体系，力争全省底线民生保障水平达到全国前列。

一是健全最低生活保障标准自然增长机制。广东为经济发达省份，消费支出水平较高，城乡居民最低生活保障水平，

要与经济发展相适应，与经济水平同步提高。需要完善城乡最低生活保障标准和人均补差水平的自然增长机制，健全低保标准与物价上涨的联动机制，进一步提高城乡低保标准和支付水平。

二是统筹低保标准，实现城乡一体化。在同一区域内，城乡居民生活消费水平与消费价格指数是基本相同的，最低生活保障标准应该是地区有别而不应该是城乡有别。城乡最低生活保障线、保障水平的差异没有理论和实践上的依据，是长期以来城乡二元体制、政策和思维定式的结果。广东要下力气统筹低保标准，尽早实现城乡一体化。

三是形成合理的低保资金分担机制。确保和提升最低保障水平，关键是建立和优化最低生活保障资金的筹集机制。要提高省级财政对农村最低生活保障资金的支付比例，加大省级财政对欠发达市、县的转移支付力度。还要扩大资金筹集渠道，强化低保资金的支付管理。

四是重点解决落后地区的最低保障问题。广东解决最低生活保障问题，应该在政策、资金上向贫困县倾斜，不要拘泥于统一的支付比例，对各地农村的最低保障资金进行差异化支付。江苏、浙江、福建等省对全省各县的资金支付比例视财政情况不同而分成若干等，广东省级财政要提高对贫困县的转移支付比例，对经济状况较好县，可适当降低支付比例，以重点解决落后地区贫困人口的低保问题。

五是建立低保与扶贫的联动机制，真正实现应保尽保。广东东西两翼和粤北山区的农村低保标准和补助水平不高，还有大量贫困人口没有被纳入到低保之中。要加强低保与扶贫脱贫工作等政策的衔接，重点对无法依靠产业扶持和就业帮助脱贫的家庭，实行政策性兜底保障，对符合扶贫条件的低保家庭，予以精准帮扶。

六是加大精准脱贫力度，提高脱贫质量，形成可持续的脱贫长效机制。广东要深入推进精准扶贫、精准脱贫工作，确保现行标准下农村贫困人口实现脱贫后，巩固脱贫成果，形成可持续的脱贫长效机制。注重扶贫同扶志、扶智相结合，深入实施产业扶贫、就业扶贫等，提高贫困群众发展生产、务工经商技能，确保脱真贫、真脱贫。

6. 加强基层医疗卫生服务体系建设，丰富和均衡医疗卫生资源

广东要完善国民健康政策，为人民群众提供全方位全周期健康服务。到2020年，广东按照每千常住人口不低于1.5张床位为社会办医疗机构预留规划空间。

一是深化医药卫生体制改革，全面建立中国特色基本医疗卫生制度、医疗保障制度和优质高效的医疗卫生服务体系，深化公立医院改革，控制公立医院规模扩张，健全现代医院管理制度，推动公立医院发展方式转变。

二是加大对医疗卫生建设的投入。广东卫生资源配置应与广东省国民经济和社会发展水平相适应，增大财政投入的比重，特别加大对粤东西北农村地区医疗服务设施的投入，大力提高粤东西北农村医疗卫生服务水平。全面推进县级公立医院、中心卫生院、村卫生站建设。增加对农村医疗卫生资源的投入，创造条件吸引医疗卫生人、财、物下乡，大幅提高粤东西北地区农村医疗卫生服务能力。

三是鼓励社会办医，加快形成多元办医格局。鼓励企业、

慈善机构、基金会、商业保险机构等以出资新建、参与改制、托管、公办民营等多种形式投资医疗服务业。落实非营利性的非公立医疗机构与公立医疗机构在市场准入、医保定点、专科建设、职称评定、等级评审、技术准入等方面同等对待的政策。优化社会办医工商登记流程，完善并落实社会办医的土地、税收、融资和医保等政策；鼓励社会力量采用多种形式参与公立医院改制重组，鼓励公立医院以品牌、管理、技术、人员等与民营医疗机构合作办医；进一步放宽中外合资、合作办医条件，逐步扩大具备条件的境外资本设立独资医疗机构试点，加强粤港澳区域医疗机构、医疗服务和医师多点执业等方面的合作。

四是强基层，调整医疗资源结构，积极支持基层卫生服务体系的发展。建立稳定的投入和补偿机制，积极引导优质医疗资源充实到基层医疗机构，提高基层医疗机构的业务能力和技术水平。加快完善分级诊疗制度，形成统一规范的"首诊在基层"服务模式，鼓励城市二级以上医院医师到基层医疗卫生机构多点执业或者定期出诊、巡诊，提高基层服务能力。积极探索医联体、远程医疗对口帮扶等多种方式，充分利用信息化手段，推动优质资源下沉。积极从人、财、物等方面保障基层社区开展卫生服务，缓解大医院门诊压力。

7. 加快养老服务业的发展步伐

预计到2020年，广东60岁及以上老年人口将达1539万，占比升至15.9%以上。广东要全面建成以居家为基础、社区为依托、机构为补充、医养相结合的多层次养老服务体系，逐步实现养老服务法制化、社会化、专业化、标准化、信息化和产业化的发展格局。为此要做好以下工作：

一是各级政府承担起养老服务的兜底责任，扩大对基本养老服务的投入，切实履行对城镇"三无"、农村"五保"等特困老年人以及失能老人的养老服务职责。

二是建立健全养老服务制度。如养老服务补贴制度、政府购买服务制度、养老服务评估制度和养老服务统计制度等，健全养老服务体系。全面建立经济困难的高龄、失能等老年人的养老服务、护理补贴制度，完善80周岁及以上老人高龄津贴制度。探索建立老年人健康保险、长期护理保险、意外伤害等人身保险产品与护理补贴、护理救助等相互衔接、互为补充的老年人长期护理保障制度。

三是培育养老服务的多元供给主体。鼓励企业、社会组织、个人和其他社会力量积极参与养老服务运营和管理，逐步使社会力量成为发展养老服务业的主体。进一步开放养老服务业市场，引导社会力量举办养老服务业，切实落实社会资本发展养老服务业的优惠政策，充分调动和合理利用各种社会资源为老年人提供多样化的老年服务。

四是坚持因地制宜，差异化地确定全省养老服务业发展的近期目标。广东经济欠发达地区，尤其是农村地区，要着力保障特殊困难老人的养老服务需求，重点向"三无"老人、低收入老人、经济困难的失能半失能老人和失独老人提供基本供养、护理服务。经济较发达、养老服务业发展较好的地区，要建立起适度普惠型养老服务体系，在解决老年人基本养老服务需要的同时，为当地老年群体提供更加丰富、更具品质的养老服务。

五是坚持需求导向，着力发展社区居家养老服务业。社区居家养老方式集中了传统家庭养老与机构养老的优点，将居家和社会化服务有机结合起来，使老年人既能继续留在熟悉的环境中，又能得到适当的生活和精神照顾。这种养老方式普遍受到老人们的欢迎，成为广东老年人最重要的养老方式。广东发展养老服务业，要改变过去重养老机构建设、轻社区服务设施和服务网络建设的局面，要将更多的养老服务资源投入到社区居家养老服务上来。

六是要推动养老服务与医疗卫生服务相结合，建立健全养老机构与医疗卫生机构合作机制。推动医疗卫生服务延伸至居家和社区养老。

总之，补齐广东民生社会短板，需要坚持政府主导原则，强化各级政府对民生建设的统筹和兜底责任；需要引入市场机制，充分发挥市场配置资源的作用；需要深化社会治理改革，实现民生建设主体多元化，形成全社会资源共建共享、协同推进民生工作的新格局。

有效预防和化解
社会矛盾

中国特色社会主义进入新时代，我国社会主要矛盾已经转化为人民日益增长的美好生活需要和不平衡不充分的发展之间的矛盾。我国稳定解决了十几亿人的温饱问题，总体上实现小康，不久将全面建成小康社会，人民美好生活需要日益广泛，不仅对物质文化生活提出了更高要求，而且在民主、法治、公平、正义、安全、环境等方面的要求日益增长。[①]

党的十九大报告对深化依法治国实践、加强和创新社会治理作出全面部署，提出要"加强预防和化解社会矛盾机制建设，正确处理人民内部矛盾"。习近平总书记在全国"两会"上参加上海代表团审议时明确指出："加强和创新社会治理，关键在体制创新，核心是人，只有人与人和谐相处，社会才会安定有序。"社会是由人构成的，错综复杂的社会关系都是人与人之间的关系构成的。人与人之间的关系理顺了、和谐了，社会才能安定有序，才能和谐稳定。

（一）广东社会状况总体和谐稳定

广东地处改革开放前沿，经济社会发展先行一步，社会矛盾早发多发。党的十八大以来，广东狠抓"深化社会矛盾化解"，围绕涉农涉土、涉劳资纠纷、涉环保等重点领域，深入开展矛盾纠纷滚动排查化解、政策性批量化解、依法源头

[①] 《决胜全面建成小康社会 夺取新时代中国特色社会主义伟大胜利》，人民出版社2017年版，第11页。

治理等工作,预防化解社会矛盾更加积极有效。全省信访总量持续下降,群体性事件明显减少,社会大局和谐稳定①,人民群众安全感和对政法工作满意度进一步提升②。

1. 预防化解社会矛盾更加积极有效

2013—2016 年,全省省市县三级化解矛盾纠纷率达 92.3%,省市县三级受理群众信访总量连续五年下降。2016 年,省市县三级列账矛盾纠纷 3400 宗(含 2015 年转存),同比下降 25%;全省司法行政系统共调解矛盾纠纷 32.35 万件,成功调解 31.69 万件,调解成功率达 97.95%。③

"第三方力量"在预防化解社会矛盾中的作用开始显现。广东经济社会高速发展、城市化进程加快,因利益调整引发的各种社会矛盾纠纷不断产生,随着中国特色社会主义迈入新时代,只有把党委、政府的力量和社会力量结合起来,才能更好地预防和化解社会矛盾。广东鼓励支持社会组织积极参与化解社会矛盾纠纷。目前,全省共建立基层人民调解组织近 3 万个,医患纠纷调解委、交通事故纠纷调解委等各类行业性、专业性调解组织约 6000 个。④

---

① 薛江华:《广东省市县三级受理群众信访总量连续五年下降》,《羊城晚报》2017 年 5 月 21 日。
② 《连续四年保持刑事发案数下降》,《南方法治报》2018 年 2 月 7 日。
③ 薛江华:《广东省市县三级受理群众信访总量连续五年下降》,《羊城晚报》2017 年 5 月 21 日。
④ 薛江华:《广东省市县三级受理群众信访总量连续五年下降》,《羊城晚报》2017 年 5 月 21 日。

链接

广东探索专业化社会化"医患纠纷"第三方解决新机制

广东省和谐医患人民调解委员会（以下简称"广东医调委"）于2011年正式创设，是全国第一家专业化、社会化的第三方医患纠纷人民调解组织，现有专职调解员150多人，评鉴会专家库人员1200人。广东医调委积极利用医疗责任险转化解决医患纠纷引发的经济赔偿，转嫁处理诊疗过程中不可预测的风险。每当发生医疗责任赔案或纠纷后，广东医调委自动介入进行调解，通过及时分离医患双方，避免形成医患之间直接的对立关系，缓解对立情绪。随后，医疗责任险的调查取证工作启动，医调委和保险公司作为第三方出面解决纠纷和赔偿问题。作为医患纠纷理赔的渠道，医疗责任险一方面帮助患者获得应有的赔偿，另一方面促使医院主动承担相应的医疗责任，帮助医院重新审视自身的医疗过失、过错，在制度上促进医院完善管理漏洞、改善诊疗方式。自医调委成立以来，举办了793场各类型、各形式的医疗质量安全与风险防范培训及交流研讨会，医务人员参与达21万人次。广东医调委利用其第三方的中立地位，搭建医患间平等沟通、协商解决的平台。独立于卫生行政、司法部门之外的广东医调委，建立了"懂医疗、懂法律、懂调解、懂政策"的第三方专业调解队伍。调解员队伍主要由具有较强专业知识和较高调解技能、热心调解事业的医学专家、政法干警以及律师、公证员和法律工作者组成，医调委组织的第三方医学、法律专家在一线处理医疗纠纷，对医患纠纷案件进行定责、定性。这样，对于每一起医患纠纷赔不赔，赔多少，不是患者说了算,不是医院说了算,也不是医调委说了算,更不是由保险公司说了算,而是由法律、医疗专业人士组成的专家评鉴会来评定。

这种"调、赔、防"的有机结合,是医患纠纷调解市场运作机制的产物,市场的自然规律、生存法则和内在动力促进了统保地区医疗质量管理的加强,推动了卫生行政部门和医疗机构医疗纠纷责任追究制度的建立完善,提高了医疗技术水平,规范了医疗行为,真正从源头上、制度上减少了医患纠纷。

(资料来源:《法制日报》2017年3月27日)

2. 开展社会矛盾专项治理行动成效显著

党的十八大以来,广东省持续开展社会矛盾专项治理行动,坚持源头治理、依法治理,围绕涉农涉地、涉劳资、涉环保、涉金融、涉房地产等重点领域、重点群体、重点问题开展社会矛盾专项治理行动。[①]

主动治理与源头治理"两把利器"重拳出击。凭借主动治理和源头治理"两把利器",广东把大量的基层矛盾化解在源头、消灭在源头。在主动治理方面,广东一是建立完善社会稳定形势定期分析研判机制,找准突出问题。二是建立完善矛盾纠纷滚动排查化解机制,建立省市县三级矛盾纠纷台账,按照"横向到底、纵向到边、不留死角"的原则,逐月

---

① 胡春华:《在中国共产党广东省第十二次代表大会上的报告》,《南方日报》2017年5月31日。

滚动排查影响社会稳定的各类问题并如实列账。三是建立完善多元化解矛盾纠纷工作机制，提高解决问题的效能。在源头治理方面，广东下大力气加强重大决策社会稳定风险评估机制建设，把社会稳定风险评估作为重大决策、重大项目、重大事项推进的前置条件，重大决策项目"不稳评，不过会，不上马"，力求从源头上预防减少社会矛盾。2013至2016年，全省共对6546项重大决策开展风险评估，准予实施6128项，暂缓实施253项，不予实施62项。①

构建和谐劳动关系的"中山模式"。近年来，中山市劳资纠纷主要指标持续全面下降，连续多年未发生重大恶性群体性事件。通过创新基层调解与劳动仲裁等举措，着力构建和谐劳动关系，基本实现基层调解"调解不出村，协商不出厂"的目标，逐步形成构建和谐劳动关系的"中山模式"。能够按时领到工资是务工人员衡量工作好坏的重要指标，而欠薪问题也一直是劳动纠纷领域的"老大难"问题。中山全面落实建设领域工人工资分账管理制度、工资保障金制度，使得中山重点领域的欠薪治理取得重大成效。自2012年以来，中山市人社局共移送"拒不支付劳动报酬罪"案件595宗，涉及劳动者3.1万人，涉及欠薪金额3.46亿元，有效打击和震慑拒不支付劳动报酬违法犯罪行为。其次，针对"打官司"时间长、务工人员耗不起的情况，中山市推动要素式办案，推行要素式裁决书，使得劳动仲裁案件得以"增效提速"。同时，中山市出台了《关于建立劳动人事仲裁绿色通道的工作

---

① 薛江华：《广东省市县三级受理群众信访总量连续五年下降》，《羊城晚报》2017年5月21日。

方案》，建立小额简易案件快速处理绿色通道，成立专门的小额速裁审理庭，实行难案精办、简案快结的办案方针。高效办案的工作机制的探索和创新，满足了仲裁当事人快速解决纠纷，及时获取公正裁决结果的需求。

3. 基层突出问题"三项治理"成效显著

近年来，广东大力开展基层突出问题"三项治理"。从2015年至2017年，全省共立案查处基层党员干部违纪违法线索8.4万多条、涉农领域职务犯罪案件2400多人、扶贫领域职务犯罪120多人和农村涉黑恶势力案件3.3万多起。2017年全省纪检监察机关立案查处农村基层违纪违法案件15791件，结案15145件，给予党纪政纪处分14613人，移送司法机关处理372人；全省检察机关共立案侦查涉农领域职务犯罪案件495人、扶贫领域职务犯罪案件170人；公安机关破获农村涉黑涉恶刑事案件493起，打掉团伙360个，查处涉嫌黑恶犯罪村干部60人。①

------- 链 接 -------

广东农村土地突出问题三项治理完成

目前广东省国土资源厅已全面完成农村土地突出问题三项治理工作任务。其中，兑现拖欠被征地农民补偿费24.6亿元；解决留用地历史欠账13.03万亩；查处农村"三乱"（乱占、乱卖、乱租）违法用地9565宗、面积2.25万亩。通过三

---

① 《连续四年保持刑事发案数下降》，《南方法治报》2018年2月7日。

项治理，广东有效解决了一批群众反映强烈的基层涉土问题，对维护农村社会和谐稳定起到了积极的促进作用。据统计，2015—2017年，广东农村信访总量分别下降19.7%、3.9%、16.5%。广东的专项治理按照时间节点积极有序推进。一是按照先易后难、分步推进的原则，分解三年治理目标，及时部署各阶段任务，坚持常态化通报制度，对进度落后地区进行督办约谈；二是要求各地想方设法筹集资金，妥善解决拖欠被征地农民补偿费问题；三是在规划保障、指标安排、简化审批、拓宽途径、落实资金五方面加大政策支持力度，逐宗解决留用地欠账；四是各级国土资源部门按照既查事又查人的原则，严肃查处农村土地"三乱"问题。

（资料来源：《中国国土资源报》2018年1月29日）

（二）预防和化解社会矛盾的挑战

改革攻关期涉农、涉地、劳资关系等矛盾将在一段时间内呈现集中爆发态势。改革中最为艰难的问题，即最难啃的"硬骨头"被遗留下来，老问题尤其是最为艰难的老问题，依然在拖着改革的"后腿"，一些长期沉淀积累的深层次矛盾逐步浮出水面。

1. "三块地"改革，涉农涉地风险加大

土地制度改革是农村改革的核心与关键，土地改革的最

终方案尘埃落定后，土地确权、质押贷款与"三块地改革试点"将从改革试点阶段进入全面推进阶段。所谓的"三块地改革"，指的是集体经营性建设用地入市、宅基地改革和征地改革。一方面，关系到各方直接利益的三大改革全面推进，将涉农涉地的矛盾风险推向高位；另一方面，法理解说、利益的协调博弈、冲突矛盾的化解都需要农村基层组织与治理体系的有效运作，而广东农村基层组织积弱多年，土地确权等农村基础工作进展缓慢，稳定土地承包经营权遇到重重障碍，这将使得涉地矛盾在此阶段集中爆发。

2. 城镇化加速期内社会矛盾发生几率与风险将处于上升态势

按一般分类，城市化率在30%以下属于传统农业社会，城市化率30%至70%为城市化的加速期，城市化率70%以上为城市化的完成期。根据发达国家的经验，处于城市化（城镇化）加速期的国家，也是农民大量涌入城市并导致社会矛盾尖锐化的阶段。无论是目前处于城市化加速期的国家，还是历史上曾经处于此阶段的国家，社会矛盾都处于非理想状态。根据预测，2030年广东省城镇化率将达到70%左右。[①]可以预见，与中心城镇急速扩张相关的征地拆迁问题、与大规模城乡人口流动和社会融入相关的社会矛盾、与农村基层治理相关的涉农矛盾将会大大提升。

以大规模城乡人口流动和社会融入相关的社会矛盾为例。

---

① 广东省社会科学院课题组：《广东省2035城镇化发展趋势分析报告》，2017年。

虽然在流动人口公共政策、基本公共服务均等化政策方面有所突破，但流动人口融入城市的障碍依然存在。特别是由代际转换引发的新生代农民工的社会融入问题，将成为新时期广东社会矛盾调解的重要方面。新生代农民工更看重闲暇生活质量、工作挑战性与满足感，这些变化使得他们的社会融入存在诸多障碍。一方面，经济收入不足以支撑城市生活成本的快速上涨，生活质量提高受制于微薄收入与教育医疗等的高额支出。另一方面，在第四次工业革命浪潮下，城市技术革新的速度、职业岗位更替的频率更快，新生代农民工知识储备与技能提升不足以支撑其快速适应技术变迁带来的就业冲击。不愿从事高劳动强度工作的新生代农民工将难以在城市稳定就业，成为城市贫民或无业游民的几率大大提高。

3. 涉劳资关系的矛盾爆发的不确定性增加

第四次工业革命将在劳动和生产领域带来系统性冲击。从过去三次工业革命的经验来看，技术创新会淘汰部分工作，但技术创新也会以其他形式或者在其他地方提供新的工作机会。充分的社会保障使某行业的从业人员人数即使急剧下滑但仍处于一个相对平稳的状态，使其社会破坏力限制在某个数量级别之下。但目前的研究表明，第四次工业革命创造的就业机会将比前几次革命少得多，因为从本质上看，信息和其他颠覆性的技术创新是通过取代现有的人力来提高效率，而不是创造新产品从而需要更多的人力参与制造。新业态下，生产率的提高是用智力、资本和实物取代了人力，人力金字塔两端将被掏空，普工的需求将大大减少，劳动密集型产业将逐步被淘汰，智能制造将开创新时代。

链接

最有可能被取代的职业

人类的工作真的会被机器人所逐渐替代，但到底什么工作才更不容易被人工智能取代、淘汰呢？BBC为了找出这样一个答案，基于剑桥大学研究者Michael Osborne和Carl Frey的数据体系分析了365种职业在未来的"被淘汰概率"。

虽说他们分析的仅仅是这些职业在英国的前景，所基于的也不过是本土的数据。但从这些概率中，我们可以得出两个基本的结论：如果你的工作包含以下三类技能要求，那么，你被机器人取代的可能性非常小：社交能力、协商能力以及人情练达的艺术；同情心，以及对他人真心实意的扶助和关切；创意和审美。如果你的工作符合以下特征，那么，你被机器人取代的可能性非常大：无需天赋，经由训练即可掌握的技能；大量的重复性劳动，每天上班无需过脑，但手熟尔；工作空间狭小，坐在格子间里，不闻天下事。具体到各行各业，劳动力被淘汰率如下表所示：

表7-1 最有可能被取代的职业一览表

排名	职业名称	被取代概率	被取代原因
1	电话推销员	99.0%	即使没有人工智能，这个单调、机械的工种也是会被淘汰的。
2	打字员	98.5%	曾经打字员也是一份体面的工作，如今只有速记员能靠打字生活，而语音识别技术的成熟则让其岌岌可危。

（续表）

排名	职业名称	被取代概率	被取代原因
3	会计	97.6%	会计的本质是搜集信息和整理数据，机器人的准确性无疑更高。今年，德勤、普华永道等会计事务所相继推出了财务智能机器人方案，给业内造成了不小的震动。
4	保险业务员	97%	保险业的智能化也在加速，去年多家国内保险公司将智能技术引入售后领域，未来更有可能替代人工成为个人保险管家。
5	银行职员	96.8%	银行柜员被替代的前景显而易见，虽然现在不少银行机器人依然以卖萌为主，但未来一定会走上大舞台。
6	政府职员	96.8%	这里主要指的是政府底层职能机构的职员。这类工作有规律，重复性高，要求严谨，非常适合机器人操作。
7	接线员	96.5%	智能语音系统已经很发达，未来接线员被取代显而易见。
8	前台	95.6%	前台是一个展示、引导、接待为主的工作，机器人恰恰很容易提供这样的服务，比如由日本软银公司开发的 Pepper 机器人。
9	客服	91.0%	说一个简单的例子：Siri。事实上，这类人工智能客服平台也是这两年国内创业的热门方向。
10	人力资源管理人员	89.7%	简历审读、筛选可以通过关键字进行，此外包括薪酬管理等HR工作也可以被机器人代替。

（资料来源：《人工智能将给人类岗位带来什么影响？》，搜狐网2017年12月17日）

未来"机器换人"所导致的职业性失业者群体规模将逐步扩大。随着劳动力成本不断增加,广东制造业面临制造业回归发达国家、东南亚低成本竞争"两方面的挤压",人口红利正逐步消失。"机器换人"是广东积极应对劳动力短缺、占领"机器人产业"技术制高点的战略举措。但是,"广东制造"长期实行相对的低工资和低福利政策,实行压低劳动报酬来保证高投资率的模式,使得许多企业对廉价劳动力心存执念。因此,"机器换人"战略的推进将在政府与企业两方面相反作用力下匍匐前进。"机器换人"带来的新旧岗位变迁效应带来了就业岗位总和的"增减效应"。机器对人工的替换,替换的是结构化环境中的工作与简单的任务。普工被替换下来后,经过短期培训即可在服务业等未来大量新增岗位中再就业。此外,机器人的维护保养,将使得自动化、机器人产业中的从业人员需求大量增加,可以有效缓解"机器换人"造成的短期"失业"压力。"机器换人"的关键在于社会保障与就业培训体系能否提供有效的支撑。

-------- 链 接 --------

何谓机器换人?

"机器换人"是指利用工业机器人、自动化控制设备或自动化流水线对企业进行的智能化技术改造。其本质是以设备智能化更新为载体的技术创新、工艺创新和管理创新。推动"机器换人"将有力地促进企业减员增效,有助于广东省破解"用工难、用工贵"难题,抢抓技术红利取代人口红利的先机;有助于应对欧美发达国家"高端回流"和新兴国家"低端分流"的双重挤压,通过"机器换人"所创造的大量需求,大力发展"工业机器人"等高端装备制造业,抢抓"制造业皇冠顶端的明珠",重塑制造业强省的优势地位;有助于提升产品品质,提升劳动者素质,推动广东名片由"世界工厂"向"高端智造"转型升级。

(资料来源:广东省社会科学院产业经济研究所课题组"广东机器换人的转化壁垒及化解策略研究")

共享经济与人力租赁导致的用工模式变革带来劳资矛盾复杂化。用工模式进入"新常态"使得劳资关系变得更为多元、复杂。在大众创业、万众创新的氛围下,成立一个公司变得简单,工作选择也多种多样,有稳定预期、朝九晚五的"铁饭碗"不复存在,灵活多变的用工模式以及适时有利于自己的"跳槽",已经成为如今用工关系的常态。员工的流动性大,也带来了复杂多样的劳动争议纠纷。此外,共享经济催生了个人对个人的用工模式,使得兼职者与平台企业的劳动关系变得难以界定。共享经济在提供更灵活和方便的服务模式的同时,它所催生的各类创新企业不断地挑战商业运作模式,也包括劳资雇佣模式。共享经济的平台企业用工中,兼职者大量出现,流动性用工同样大量增加。如何界定兼职者与平台企业的劳动关系,在考验《劳动合同法》的灵活性的同时也要求劳资关系的治理模式的及时调整。2015 年美国加州劳工委员会(California Labor Commission)裁定提供叫车与共乘服务的 Uber 公司旗下的司机的性质属于"员工"(employee)而不是"合同工"(contractor)。倘若被视为"合同工",诸如基本工资、加班费、健康检查、工伤保险、失业保险等权益都不如正式员工。基于共享经济平台的科技企业混淆员工称谓以牺牲他们权益的现象正在不断涌现,这在建筑、物流和家政行业尤其突出。这些公司透过科技平台向客户提供服务,其员工法定身份含糊不清,受到的保护不足,当其面临歧视或者发生利益纠纷时,可资利用的资源更少、更无力。

---- 链 接 ----

美国加州裁定 Uber 司机为"员工"

虽然加州公共事业委员会对专车监管已经出台了专门法案,但对于司机与网络平台之间是否是雇佣关系一直存在争议。据路透社报道,美国加州劳工委员会裁定,Uber 司机属于公司员工,而不是合同工,这意味着 Uber 公司需要为司机缴纳社会保障金、劳工赔偿险和失业保险。加州劳工委员会的这一新裁决可能会波及其他通过智能手机提供服务的新兴产业,影响其他众多公司,比如 Uber 的竞争对手 Lyft、家政服务公司 Task Rabbit 和清洁服务公司 Homejoy。

Uber 多年来一直坚持认为该公司的司机属独立合同工,而不是正式员工,该公司只不过是"中立的技术平台"。Uber 在一份声明中称,其他 5 个州已经认定,Uber 司机属独立合同工,而即使在加州 2012 年的另一场裁决中,另一位 Uber 司机也被该委员会裁决为独立合同工。但在这一次裁决中,加州劳工委员会考虑了更多的因素,认为 Uber "参与了司机业务运营的所有方面"。该委员会认为 Uber 控制了司机所用的工具,监督他们的好评率,并在好评率低于 4.6 星的情况下终止他们进入 Uber 的系统。尽管这一裁决仅适用于加州，但是这为其他州的监管部门和法院树立了效仿的榜样。

（资料来源：《新京报》2015 年 10 月 19 日）

（三）加强预防和化解社会矛盾的主要措施

广东省省长马兴瑞在 2018 年政府工作报告中提出"必须坚决打好三大攻坚战"，而将"坚持从政治和大局出发，强化问题导向和底线思维，聚焦金融等重点领域，有效防范化解重大风险"作为"三大攻坚战"的"第一战"，足见其重要性。根据省委、省政府工作部署，广东将坚定不移走中国特色社会主义法治道路，成为全国最安全稳定、最公平公正、法治环境最好的地区。[①]

1. 完善矛盾纠纷处理衔接机制，促进三类调解相互联动

建立调处化解矛盾纠纷的综合平台，完善人民调解、行政调解、司法调解联动工作体系。在人民调解组织调处常见性、多发性传统民间纠纷的基础上，积极推动在司法、行政职能部门设立人民调解工作室。按照调解优先的原则，首选人民调解的方式方法，通过教育疏导，使群众在平等协商基

---

① 胡春华：《在中国共产党广东省第十二次代表大会上的报告》，《南方日报》2017 年 5 月 31 日。

础上自愿达成协议，解决矛盾纠纷。对属于行政管理职权的事项，发挥人民调解组织工作优势，及时参与疏导化解，各相关行政职能部门积极主动介入调解工作，充分履行行政职能，做到优势互补，形成合力。用人民调解方式未能解决的矛盾纠纷，引导通过行政复议、仲裁或协调有关部门开展专业调解活动进行调解；对随时有可能激化或造成严重后果的矛盾纠纷，采取必要措施进行缓解或疏导，并及时向党委、政府和有关部门报告。对当地人民调解组织调解不成功，可能进入诉讼程序的矛盾纠纷，推动人民法院（庭）按照"调判结合，调解优先"原则，做好司法调解工作。教育引导当事人到驻法院（庭）人民调解工作室调解，或由法官出面调解，调解不成功的，再由人民法院（庭）依法立案审理；重点推动一般民事案件、轻微刑事案件的调解工作，联合有关部门，制定诉前、诉中、诉后调解的工作程序，大力推进巡回调解、邀请调解、委托调解、联合调解等多种调解工作方式。①

------- 链 接 ---

什么是司法调解和人民调解？

司法调解又称诉讼调解，是在法院主持调解下，使当事人平等协商，达成协议，从而解决纠纷所进行的活动。司法调解作为化解矛盾的保障性机制需要不断加强，特别是要让人民群众在每个司法案子中感受到公平正义。人民调解是指

---

① 国家综治委对民建中央《关于完善大调解工作体系维护社会和谐稳定的提案》的回复。

在人民调解委员会的主持下，以国家法律、法规、规章、政策和社会公德为依据，对民间纠纷当事人进行说服教育，规劝疏导，促使纠纷各方互谅互让，平等协商，自愿达成协议，消除纷争的一种调解形式。人民调解是群众自我管理、自我教育、自我服务的自治行为。人民调解作为大调解的基础，更要发挥其基层治理的作用。

（资料来源：《十九大关于加强和创新社会治理的新理念和新举措》，人民网 2017 年 12 月 11 日）

2. 建立和完善社会矛盾预防体制机制

要建立和完善重大事项社会稳定风险分析和评估机制，力求在重大决策、重点项目出台或审批前，通过评估社会稳定风险、落实矛盾化解措施，达到源头预防社会矛盾的目的。一是要明确评估领域，把利益分配问题突出、容易引发矛盾的领域，包括重大基础设施建设、劳动就业与收入分配政策等，作为风险评估重点领域，做到应评尽评；二是落实评估主体，坚持谁决策谁评估、谁申报谁评估，明确决策拟定部门、项目报建部门分别是重大决策、重点项目风险评估的主体；三是完善评估程序，把制定方案、识别风险、形成报告、审查定级、分级备案、调控风险、跟踪完善等基本程序，作为风险评估的必经程序，形成工作规范；四是创新评估方法，由评估主体委托第三方力量、专业机构开展评估，提升评估有效性，促进评估客观公正；五是实行嵌入机制，把风险评估嵌入到已有行政决策或审批程序中，即决策拟定部门把风险评估报告嵌入决策方案一并提交审定，项目申报部门将风险评估作为项目可行性研究报告的重要内容一并提交给审批部门，防止决策和评估各行其道；六是强化分级处置，对评估后不同风险等级的事项，采取分级落实化解措施的办法，积极做好矛盾化解工作。

3. 大力推进行业性、专业性人民调解组织建设

在医患纠纷、交通事故纠纷、劳资纠纷等重点领域探索建立行业性、专业性人民调解组织的基础上，进一步推动在环境污染、土地征用、房屋征收拆迁、产品质量纠纷等矛盾多发领域建立专业性、行业性人民调解组织。规范专业鉴定机构，统一有关鉴定程序和标准，确保人民调解的权威性和公信力。同时进一步推广建立专业化、社会化调解员队伍，建立名册，做好分类指导，完善调解员队伍管理培训机制，加强社会工作知识培训。充分发挥综治特派员、治安中心户长以及老干部、老党员等各种群防群治队伍的作用，发展壮大专职调解员、特邀调解员、调解志愿者队伍，发挥律师、法律援助工作者和专家学者参与调解工作的作用。总结推广利用社会力量开展柔性调处、支持社会力量成立专门工作室等经验做法，发挥社会组织的积极作用，鼓励行业协会及其他社会组织设立调解委员会，促进矛盾纠纷化解；探索建立政府购买人民调解组织服务的工作机制，由政府出资向调解组织购买调解服务，再由调解组织向群众提供免费服务。

健全公共安全体系

党的十八大提出要加强公共安全体系建设，党的十八届三中全会围绕健全公共安全体系提出食品药品安全、社会治安防控等方面的体制机制改革任务，党的十八届四中全会提出了加强公共安全立法、推进公共安全法治化的要求。习近平总书记指出："平安是老百姓解决温饱后的第一需求，是极重要的民生，也是最基本的发展环境；人民安居乐业，国家才能安定有序。"[①]

（一）公共安全体系总体运行良好

2017年广东省社会治安、安全生产、食品药品安全形势持续稳定好转，全省刑事案件发案数连续4年下降，生产安全事故总量比2012年下降23.4%，防灾减灾和应急管理工作稳步推进，社会保持和谐稳定。[②]

1. 智能治安防控体系精准打击犯罪

地处改革开放最前沿，毗邻香港澳门，面对复杂多变的治安形势，要切实维护社会稳定、维护群众利益，难度非常大。自十八大以来，广东顺应中央改革部署，紧密结合地方实际，在精准打击犯罪、预防预测预警等方面听潮而动、乘

[①] 李培林：《平安是老百姓解决温饱后第一需求》，人民网2015年2月5日。

[②] 马兴瑞：《政府工作报告——2018年1月25日在广东省第十三届人民代表大会第一次会议上》，《南方日报》2018年2月2日。

势而上，社会治安综合治理形势持续好转，全省刑事案件发案数连续4年下降。

连续4年刑事发案数大幅下降、破案数上升。2017年全省共立刑事案件57.1万起，同比下降12.7%，破获刑事案件25.4万起，同比上升4%，保持了自2013年以来连续4年刑事发案数下降、破案数上升的势头。2017年全省各级公安机关共查处涉赌案件35506宗，抓获220354人，刑事拘留18944人。组织开展"飓风2017"专项行动，发起49次"飓风"集群战役，平安广东再创佳绩。

打击各类突出经济犯罪成效显著。广东警方强力打击各类突出经济犯罪，在2017年全省共破经济犯罪案件1.2万余宗，涉案价值942亿元，挽回损失62亿元，抓获嫌疑人17943人。2017年，广东警方共立集资诈骗和传销案件数、破案数、逮捕人数，同比分别上升119%、77.5%、61.8%。与此同时，广东警方2018年共立假币案件数、破案数、逮捕人数，同比分别上升4%、11%、8%，共缴获假币3.2亿元。全省地下钱庄破案数同比上升23.7%，成功破获深圳萧某某等人系列地下钱庄案、韶关"8·16"地下钱庄案等大要案件，组织广州、深圳、珠海等地开展多次清查整治行动，有力打击了地下钱庄犯罪分子，维护了广东金融外汇市场。①

2. 立体化、信息化社会治安防控体系更加严密健全

依靠警力增长来实现治安改善的传统模式已严重滞后，

---

① 广东省公安厅：《广东警方年破经济犯罪案1.2余宗 案值900多亿元》，搜狐网2018年1月30日。

现代科技运用是推动社会治安综合治理跨越式发展的大战略和大引擎。面对警力不足等诸多问题，广东综治部门以提升预测预警预防能力为导向、以高新科技为支撑，走出一条情报信息引领支撑社会治安防控体系建设的新路。

2017年广东社会治安视频监控系统建设深入推进，出租屋和流动人口管理服务、寄递物流业安全管理等工作进一步加强，打击整治电信诈骗问题和攀爬入室盗窃问题取得明显成效，平安校园、平安医院、平安社区等"平安细胞"建设深入推进。全省发生命案939起，连续两年同比下降10.14%；全年新发现吸毒人员下降33.6%，全国破获源头指向我省的毒品案件连续3年同比下降超过30%；破获涉黑涉恶案件同比上升44%；电信网络诈骗案件同比下降1.4%，破案数同比上升50.1%，群众财产损失同比下降9.2%。

链接

广东公安改革：115项改革任务正在逐步实施

信息是情报的源头，但数据信息采集获取难、深化处理难、高效应用难，各警种、各地方"各自为战"的局面必须打破，采集网、数据云等新技术必须充分运用。广东公安由此大力推进科技信息化建设"全省一盘棋"，努力实现社会治安信息的全量采集、一体汇聚、联通共享。一手抓数据的采集整合，一手抓深度应用，通过设置阀值、模型和组合运算，对可疑人、车进行预警管控，主动预防可能发生的案件。通过数据分析串并、关联拓展，辅助个案侦查和大型活动安保等，实现精准高效打防。通过对已发案事件的数据回溯发现工作漏洞，亡羊补牢。同时，通过编制警情热力图和警力分布图，对警务工作进行人力和警情的"靶向"对接。警情热力图显示警情地理分布实况，哪里是警情多发区域、全省警情构成如何、近7天每时段的警情数量多少，社会治安态势一目了然。另一张是警力分布图，它可以实时对全省警力勤务进行精细化管理、扁平化指挥调度和可视化监督检查。据指挥中心民警介绍，"通过两张图的叠加比较，还可以看出警情多发区域是否有相匹配的警力部署，检测公共安全视频监控系统的安装建设是否科学，进而精准指导社会治安防控，真正做到警力跟着警情走"。指挥中心上接公安部，下达基层民警。基层民警长期面临承担任务最重、手段资源最少的困境，如今可以通过警务终端随时随地采集、查询相关案事件信息，高效开展警务工作，可以即时接受各方面的预警指令，精准进行"靶向"管控。

（资料来源：《广东公安改革：115项改革任务正在逐步实施》，《人民日报》2017年2月8日）

3. 生产安全事故起数同比下降17.3%

强化安全生产责任制，健全公共安全体系，地铁、公交等重点行业领域安全管理进一步加强。开展"安全生产月"和"安全生产万里行"活动，有力推进广东省安全生产工作，促进了安全生产主体责任的落实，促进了全民安全素质有效提升，为安全生产状况持续稳定好转提供了强大的精神动力、文化力量和舆论支持。2017年全省生产安全事故起数、死亡人数同比分别下降17.3%和7.2%，其中道路交通事故起数、死亡人数同比分别下降3.3%和1.8%,火灾事故起数、死亡人数同比分别下降3%和17.4%①。

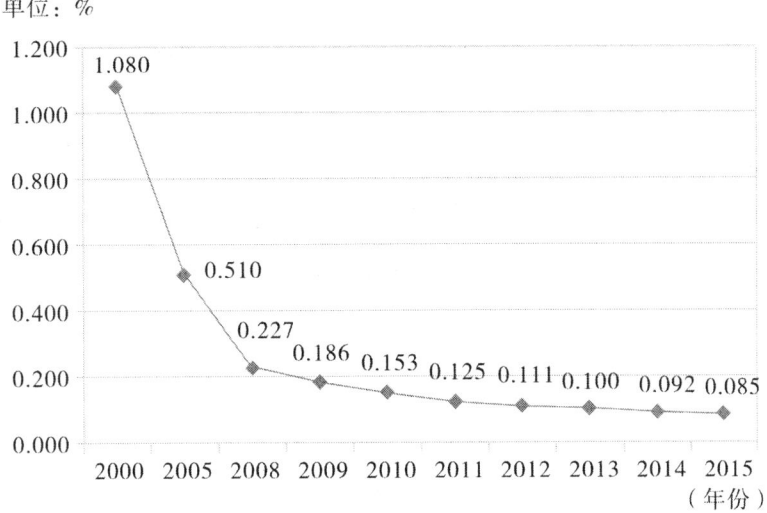

图8-1 广东省亿元生产总值生产事故发生率

数据来源:《广东省统计年鉴2017》

链 接

2017年"安全生产月"和"安全生产万里行"活动

开展"安全生产宣传咨询日"活动,全省共组织现场咨询日活动292场次,设置万余个展位,约230万人参加咨询活动,累计发放990多万本(份)安全生产政策法规和法律法规宣传册(单张)。

开展安全生产主题宣教活动。一是各地各行业领域"安全生产执法队"和"安全生产宣讲队"从宣传咨询日活动现

---

① 《连续四年保持刑事发案数下降》,《南方法治报》2018年2月7日。

场出发，分赴各地开展安全生产执法警示行动和法规常识宣传。据统计，"安全生产月"活动期间，全省共组织省级安全生产宣讲队 26 支，地市级 425 支，召开企业座谈会、咨询会 2700 多场（次），组织各类宣讲会 188 场，赠送安全生产宣传挂图、法律法规等学习资料 50 万余套（份）。二是"百支安全生产执法队"执法和安全事故警示教育活动。省、市、县（区）三级安全监管执法队伍和相关单位集中时间、集中力量，积极发挥安全生产执法监察在整个安全生产监管工作中的"拳头""尖刀"作用，严厉打击了一批安全生产非法违法行为，以反面典型促进企业落实安全生产主体责任。据统计，2017 年 1—6 月，全省监督检查企业 333449 个，同比增加 37.15%，监督检查企业 624882 家，同比增加 40.64%，做出行政处罚 9929 次，同比增加 32.09%，经济处罚 8849 次，同比增加 40.86%，经济处罚额 16333.41 万元，同比增加 78.25%。三是开展企业安全风险公告和安全隐患排查治理活动。省质监系统共出动检查人员 1561 人次，检查企业 3269 家，发出监察指令书 873 份，消除隐患 4081 个，隐患整改完成率达 97.8%，查处各类特种设备违法违规案件 68 宗；省农业厅系统结合"安全生产月"活动开展"农机安全月"活动，检查农机安全 1710 次，检查农业机械 12300 台，纠正违章情况 1630 起，排查隐患 1255 个，已整改 1242 个，整改率为 98.97%。四是开展"百城安全知识公益宣传活动"。据统计，"安全生产月"活动期间全省共开展行业性安全生产知识讲座和活动 4600 余场次，组织观看安全教育专题片 1280 余场。

开展全民安全生产文化系列活动。据统计，"安全生产月"活动期间，全省各地各单位开展了 2670 余项行业领域特色的群众性安全生产共建共享活动，征集文章6000余篇，文艺作品800多部，目前正在梳理分类，遴选作品上报国家总局参评优秀文艺作品。

开展"安全生产万里行"活动。安全生产月期间，精心部署，重拳出击，全面开展以安全隐患曝光、试点城市、科技强安、监管监察执法和应急演练等专题为内容的"安全生产万里行"活动，以宣传教育和执法警示为重点，以反面典型促进企业落实安全生产主体责任，自觉排查治理生产安全事故隐患，杜绝非法违法生产经营建设行为，有效遏制生产安全事故发生，推进专项活动深入开展。据统计，"安全生产月"活动期间，全省共组织各类安全生产应急演练1766场次，参加单位4400余家，动用4000余件/台大型装备（车辆）、约6万人参加观看了安全生产演练活动。

（资料来源：省安监局《广东省2017年"安全生产月"和"安全生产万里行"活动总结》）

4. 群众对社会治安满意度有所增加

2017年，广东省公安厅引入第三方调查机构分上下半年两次对各地群众安全感和公安工作满意度进行调查。近日，调查结果公布，全省群众安全感有显著提高，继续保持良好。以广州为例，根据中山大学城市社会研究中心组织实施的"2017年广州市群众安全感与公安工作满意度"大型问卷调查活动得到的数据显示，广州市群众安全感达98.2%，较2016年95.6%提升2.6个百分点，治安满意度达98.7%，全市公安工作满意度为83.15分，均为历史新高。

链接

广州市群众治安满意度：98.7%

一份广州民意成绩单日前出炉：根据中山大学城市社会研究中心组织实施的"2017年广州市群众安全感与公安工作满意度"大型问卷调查活动数据，广州市群众安全感达98.2%，较2016年95.6%提升2.6个百分点，治安满意度达98.7%，全市公安工作满意度为83.15分，均为历史新高。据介绍，广州警方通过开展"飓风2017"等专项行动，推行地上地下、网上网下联巡防控机制。全市案件类警情、刑事立案同比分别下降11.9%、18.1%，破案数同比上升13%，破案率同比提升6.3个百分点。同时，警方联合全市多个部门扎实推进"走千家、访万户、暖民心"入户走访工作，摸排社会治理基础要素，完成全市1600余个重点网络入户走访工作。在治安防控方面，广州警方优化了地铁勤务机制，推进地上地下联勤防控一体化，提高地铁辖区见警率；成立了警务航空支队，提高治安防控整体实力和政府应急管理能力；强化"雪亮工程"视频系统建设，建成视频监控81.5万个；推进"公安网+盘查"工作模式，紧扣"公安网+大数据"应用和全市治安实际，全面优化巡逻盘查机制，实现立体化巡逻防控，构建全时空治安防控体系。

（资料来源：《新快报》2017年12月4日）

（二）公共安全仍面临诸多挑战

习近平总书记在中央政治局第二十三次集体学习的讲话中指出，当前，我国公共安全形势总体是好的。同时，我们要安而不忘危、治而不忘乱，增强忧患意识和责任意识，始终保持高度警觉，任何时候都不能麻痹大意。维护公共安全，要坚持问题导向，从人民群众反映最强烈的问题入手，高度重视并切实解决公共安全面临的一些突出矛盾和问题，着力补齐短板、堵塞漏洞、消除隐患，着力抓重点、抓关键、抓薄弱环节，不断提高公共安全水平。

1. 各类犯罪活动依然活跃多发

近年来，全国治安形势持续好转，暴力犯罪案件数量不断下降，人民群众安全感稳步提升，同时这方面仍有不少突出问题，非法集资、信息泄漏、网络诈骗等案件相当猖獗，违法犯罪手段日趋信息化、动态化、智能化，以报复社会、制造影响为目的的个人极端暴力案件时有发生，严重暴力犯罪屡打不绝，等等。习近平总书记在广东代表团的讲话中也提到，这几年，广东在打击犯罪上力度很大，东莞扫黄、雷霆扫毒、打击电信诈骗等专项治理取得了很好的效果。同时也必须看到，当前和今后一个时期，各类犯罪活动依然活跃多发，打击这一手仍不能放松。要按照党中央部署要求，强力扫黑，铁腕惩恶，消除病灶，铲除土壤，使黑恶势力违法犯罪得到根本遏制。要针对人民群众反应强烈的其他犯罪活动，包括涉黄、涉毒、涉赌、涉枪、涉拐骗等问题，下大力气集中整治，打早打小、除恶务尽，切实保护人民群众生命财产安全。

2. 社会治安形势依然严峻复杂

广东省经济地理位置特殊，治安要素量大面广、复杂多变，近年来更是呈现出矛盾问题交织叠加、风险隐患明显增多、压力挑战持续加大的新特点和新趋势。突出表现在经济发展新常态，对社会治安带来新的冲击；新经济业态不断涌现，带来社会治安一系列新问题；信息技术的迅猛发展，对社会治安带来新的挑战；内外环境发展新变化，也使广东面临的非传统安全和公共安全新风险不断加大。

面对严峻复杂的社会治安形势，广东省社会治安防控工作仍存在不少薄弱环节：部门、警种协作配合、协调联动、合力攻坚的意识仍待提高，警种过多、分工过细、事权交叉等问题依然存在。资源配置还可以更合理，从上至下的信息沟通传导机制仍需进一步提升。信息资源呈现倒金字塔结构，担负一线实战任务的基层人员全面掌握信息资源的渠道仍需进一步通畅。科技手段应用在个别地市仍有滞后，地方和警种"单干、封闭、独享"的思维和行为仍在一定程度上存在。

3. 安全生产形势不容乐观

当前广东安全生产形势虽然总体稳定，但重特大事故频发依然是冲击百姓安全感最突出的问题。根据国家安监局数据，重特大事故正由传统高危行业领域向其他行业领域蔓延，

2013—2014年间全国发生16起特别重大事故，其中12起发生在非高危行业领域。事实上，随着经济转型升级提速，人口与财富高密度、设备大型化和工艺复杂化等，事故成因更加复杂，事故放大、耦合、衍生的可能性和严重性明显增加，使遏制重特大事故的难度居高不下。部分企业心存侥幸、盲目乐观，部分安监干部畏难情绪严重，"口头上重视、行动上忽视"也使遏制重特大事故形势较为严峻。

（三）奋力开创新时代平安广东新局面

习近平总书记在中共中央政治局第二十三次集体学习时强调，公共安全连着千家万户，确保公共安全事关人民群众生命财产安全，事关改革发展稳定大局。要牢固树立安全发展理念，自觉把维护公共安全放在维护最广大人民根本利益中来认识，扎实做好公共安全工作，努力为人民安居乐业、社会安定有序、国家长治久安编织全方位、立体化的公共安全网。习近平总书记还指出："确保安全生产应该作为发展的一条红线。我说过，发展不能以牺牲人的生命为代价。这个观念，必须在全社会牢固树立起来。"① 因此，有效维护公共安全与社会的长治久安，还要树立"安全第一，生命至上"的观念。

---

① 《习近平谈治国理政》第二卷，外文出版社2017年版，第365页。

1. 打赢扫黑除恶专项斗争攻坚战

开展扫黑除恶专项斗争，要聚焦涉黑涉恶问题突出的重点地区、重点行业和重点领域，把打击锋芒始终对准群众反映最强烈、最深恶痛绝的各类黑恶势力违法犯罪；要坚持标本兼治，对易滋生黑恶势力的重点地区、重点行业、重点领域，相关监管部门要加强日常监管，会同公安机关健全和落实市场准入、规范管理、重点监控等机制，堵塞管理漏洞，消除黑恶势力滋生土壤；要坚持扫黑除恶与反腐败斗争和基层"拍蝇"相结合，打掉黑恶势力"保护伞"；要加强基层组织建设，精心选好村社区两委"带头人"，完善自治、法治、德治相结合的基层治理体系，筑牢防黑防恶的堤坝。

2. 持之以恒抓紧抓好公共安全

公共安全是国家安全的重要体现，一头连着经济社会发展，一头连着千家万户，是最基本的民生。要牢固树立安全发展理念，自觉把维护公共安全放在维护最广大人民根本利益中来认识，放在贯彻落实总体国家安全观中来思考，放在推进国家治理体系和治理能力现代化中来把握。坚持问题导向，高度重视并切实解决公共安全面临的一些突出矛盾和问题，织密织好全方位、立体化的公共安全网。

维护公共安全必须从以下几方面做起：

第一，维护公共安全，必须从建立健全长效机制入手，推进思路理念、方法手段、体制机制创新，加快健全公共安全体系。各级党委和政府要切实承担起"促一方发展、保一方平安"的政治责任，明确并严格落实责任制，落实责任追究。要坚持标本兼治,坚持关口前移,加强日常防范,加强源头治理、前端处理,建立健全公共安全形势分析制度,及时清除公共安全隐患。完善农产品质量安全监管体系,治理"餐桌污染",保障人民群众"舌尖上的安全"。切实加强食品药品安全监管,用最严谨的标准、最严格的监管、最严厉的处罚、最严肃的问责,加快建立科学完善的食品药品安全治理体系,坚持产管并重,严把从农田到餐桌、从实验室到医院的每一道防线。

第二,维护公共安全体系,要从最基础的地方做起。要把基层一线作为公共安全的主战场,坚持重心下移、力量下沉、保障下倾,实现城乡安全监管执法和综合治理网格化、一体化。要提高公共安全体系精细化水平,每一个环节都要深入考虑和谋划。要构建公共安全人防、物防、技防网络,实现人员素质、设施保障、技术应用的整体协调。要认真汲取各类公共安全事件的教训,推广基层一线维护公共安全的好办法、好经验。坚持以防为主、防抗救相结合的方针,坚持常态减灾和非常态救灾相统一,全面提高全社会抵御自然灾害的综合防范能力。坚持以人为本、生命至上,全面抓好安全生产责任制和管理、防范、监督、检查、奖惩措施的落实,努力推动安全生产形势实现根本好转。坚持一手抓专项打击整治,一手抓源头性、基础性工作,创新社会治安防控体系,优化公共安全治理社会环境。

第三,要坚持群众观点和群众路线,拓展人民群众参与公共安全治理的有效途径。要把公共安全教育纳入国民教育和精神文明建设体系,加强安全公益宣传,健全公共安全社会心理干预体系,积极引导社会舆论和公众情绪,动员全社会的力量来维护公共安全。

3. 坚决遏制重特大安全事故

对重大风险源进行严格的风险辨识和风险评估，将事故消灭在萌芽状态。世界减灾大会提出两项重要的理论进展：一是所有的灾难之所以能造成重大损失，都因为管理上存在系统脆弱性；二是风险评估模型的进步，事故灾难的风险，相当于危害的暴露程度和管理能力脆弱性的函数。也就是说，发生重特大事故与否取决于危险源暴露程度，以及对这个危险源是否采取了有效的管理措施。传统的安全管理，更多强调法律法规的符合性。当前遏制重特大事故，必须对所有重大危险源进行严格的风险辨识和风险评估，努力将事故消灭在萌芽状态。

依托大数据，建立重点行业领域重点企业、要害场所和关键环节的全天候在线监测监控。通过对数据的综合分析和实时评估，自动将企业、场所和环节按照安全风险等级分类，实现分级分类监管。

源头管控是遏制重大安全事故的治本之策。经济社会发展的规划设计、工艺设备设施、生产经营材料和人员安全素质与重特大事故直接相关，抓好源头管控和安全准入是降低和管控安全风险、遏制重特大事故最根本、最长远的治本措施。在情境构建中提高应急准备能力。通过情景构建将风险刻画成一个真正的代表性事件，以此指导脆弱性分析、城市公共安全政策和城市规划制定、应急预案编制、应急培训和演练等的工作。

九

全面推进法治广东建设

改革、发展、稳定，构成当代中国的一个"铁三角"。法治，正是这个三角形的平衡点。全面依法治国是国家治理领域一场广泛而深刻的革命，必须坚持厉行法治，推进科学立法、严格执法、公正司法、全民守法。"法者，治之端也。"2014年10月23日，习近平总书记在中共十八届四中全会第二次全体会议上的讲话强调，治理一个国家、一个社会，关键是要立规矩、讲规矩、守规矩。法律是治国理政最大的规矩，法治是国家治理体系和治理能力的重要依托。国家治理现代化，从根本意义上说就是实施依法治国。"国无常强、无常弱，奉法者强则国强，奉法者弱则国弱。"法治是以和平理性的方式解决社会矛盾的最佳途径，是社会文明进步的重要标志，是国家长治久安和繁荣发展的重要保障。

（一）法治广东建设向纵深推进

广东一直是法治中国建设的排头兵，司法体制改革的先行者。以建设高水平为导向的法治广东，勇于探索，先行先试，稳步推进，大步前行。党的十八大以来，广东依法治省和法治广东建设向纵深推进，在法治建设、司法改革、法律服务、学法普法等方面取得佳绩。2017年全省法院共受理各类案件210.03万件，同比增长16.45%，结案率、人均结案数同比分别增长19.69%和23.1%，全省法院院庭长直接审理各类案件50.2万件，同比上升20.1%，全省检察机关批捕案件数、提起公诉案件数同比分别上升7.13%和7.4%①。

1. 司法体制改革迈上新台阶

司法改革全面落地。自2014年中央确定广东为首批司法体制改革综合试点省份以来，在省委的坚强领导下，广东的司法改革蹄疾步稳，取得重大阶段性成效，全面完成各项改革任务，"让审理者裁判、由裁判者负责"扎实落实，"有权不可任性、用权必受监督"形成常态，审判绩效不断向好。在改革中，以司法责任制改革为核心，以人员分类管理和员额制改革为突破口，以人财物省级统管和职业保障改革为重要支撑，坚持目标导向和问题导向，逐项细化权力清单和责任清单，审判权运行机制更加健全，放权不放任的监督机制逐步完善。广东在推进法官员额制改革中，严格选任标准，坚持"优中选优"，截至2018年3月，全省公开选任法官7258名，组建新型审判团队3300余个。针对地区间差异大的特点，积极探索"以案定额、全省统筹"的做法，一线审判力量进一步充实，人员结构更加合理②。

破产审判在全国影响力较大。广东的破产审判起步较早，经验较多。深圳市中级人民法院是全国最早设立破产审判庭的中级法院，广东省高级人民法院是全国最早设立破产审判庭的高级法院。近年来，破产审判工作积极推动供给侧结构性改革，在处置"僵尸企业"、出清落后产能方面发挥了重大

---

① 《连续四年保持刑事发案数下降》，《南方法治报》2018年2月7日。
② 张慧鹏、潘玲娜、温晓雅：《广东法院司法改革蹄疾步稳 全面完成试点任务》，《人民法院报》2018年3月15日。

作用。对于仍有一定的经营能力、经营规模、经营条件的企业，尽量采用重组重整的方式去挽救，避免由于破产带来企业关闭、人员安置、设备闲置、财产损失等一系列的问题。

---链 接---

广东审判绩效不断向好

在改革中，广东以司法责任制改革为核心，以人员分类管理和员额制改革为突破口，以人财物统管和职业保障改革为重要支撑，坚持目标指引和问题导向。随着司改深入推进，不断强化"权责一致、责任在先"意识，细化权责主体和权力清单，审判权运行机制更加健全，放权不放任的监督机制逐步完善。

推动院庭长带头办案取得较大成效。2017年，院庭长直接审理各类案件50.2万件，同比上升20.1%。除审判委员会讨论决定的重大疑难案件外，裁判文书由直接审理案件的法官签署。加强审判流程节点管理和风险防范，放权与监督相结合，管理监督权必须公开行使、全程留痕、依法担责。同时，完善法官专业会议"联合会诊"、案例指导等制度，推广"标准化办案"、要素式审判改革等。

广东在推进法官员额制改革中，严格选任标准，坚持"优中选优"。截至目前，公开选任法官7258名，组建新型审判团队3300余个。针对地区间差异大的特点，广东大胆探索"以案定额、全省统筹"的做法，在确保39%的员额比例不突破的基础上，法官员额向审判任务更加繁重的珠三角地区"倾斜"，一线审判力量进一步充实。全省法院人员结构更加合理，审判一线力量增加了17.3%，实现了一线法官、辅助人员、办案力量增加的目标。目前入额法官占37%，审判辅助人员占49%，司法行政人员占14%。去年，广东还首次在基层法院416名法官助理中遴选初任法官197名，同时还面向律师、专家学者等从事法律工作人员公开选拔6名法官，不断优化法官队伍结构。

在改革中，各地法院积极探索，广州市中级人民法院"全面深化综合配套改革"、深圳市中级人民法院"繁简分流配套改革"、佛山市中级人民法院"规范审判辅助人员管理"、惠州市中级人民法院和东莞市第二人民法院"院庭领导办案常态化规范化"、中山市第一人民法院"社会化解决操作性事务"，以及深圳市福田区人民法院"审判团队要素式管理"等创新举措，入选全国法院司法改革典型案例。此外，广州知识产权法院和深圳前海合作区人民法院、珠海横琴新区人民法院在全国率先实行综合改革试点，被最高人民法院确定为改革示范法院。

（资料来源：《法制日报》2018年3月16日）

推动"基本解决执行难"取得实质进展。为经济社会高质量发展提供法治保障。对接"一带一路"倡议，加强法治化国际化营商环境建设，深圳知识产权法庭、金融法庭等一批新型审判机构、仲裁组织相继成立并投入运作。广东2017年共破获金融领域突出犯罪案件同比上升79.2%，集资诈骗和传销案件立案数、破案数、逮捕人数同比分别上升119%、77.5%和61.8%。在全国率先创新环境资源审判工作机制，建立以生态区划为区分的集中管辖制度。检察机关提起公益诉讼起诉案件数全国排名第二。推动"基本解决执行难"取得实质性进展,将64.59万名失信被执行人通过平台曝光督促履行义务,创下结收案比96.9%的历史新高。[①]

------- 链 接 -------

啃下"执行难"这块"硬骨头"

广东各级法院全面清理执行积案,基本解决"执行难",取得实质性进展。2017年新收执行案件63.99万件,执结62.04万件,均居全国首位。解决"执行难",绝不能有畏难情绪。广东法院坚持发挥制度优势和体制优势,紧紧依托党委领导、法院主办、社会各方面支持的综合治理"执行难"新格局,加大依法惩治力度,通过广泛采取通报督促、限期解决、强制执行、信用惩戒等方式,积极推动"老大难"案件的解决,用足法律手段促使有偿还能力的失信被执行人履行法律义务。

全面推行司法网络拍卖。充分发挥司法网络拍卖透明度强、无成本、溢价率高、操作规范的优势,更好地公平执法、规范执法。五年来,全省法院司法网拍成交金额达502亿元,为当事人节省佣金16.7亿元。

(资料来源:《人民法院报》2018年3月15日)

2. 全面加强知识产权司法保护工作

近来,中央专门针对知识产权审判领域改革创新出台文

---

① 《连续四年保持刑事发案数下降》,《南方法治报》2018年2月7日。

件，对于全面加快我国知识产权审判体系和审判能力现代化建设具有里程碑意义。近五年来，广东法院始终围绕服务创新驱动发展战略实施、推动科技强省建设、营造法治化创新环境，全面加强知识产权司法保护各项工作。审结知识产权民事一审案件15.5万件，同比上升170.6%。其中，2017年，广东全省法院共审结各类知识产权案件7.14多万件，同比增长64.69%。加强对战略性科技成果、原创作品、驰名商标等的保护，促进创新成果转化，同时，知识产权市场价值研究取得实质性成果，侵权损害赔偿数额提升明显。广东法院商标权、著作权纠纷案件权利人平均获赔数额分别提高了22%和48%，实用新型专利和发明专利纠纷的平均赔偿数额提高了36%和21%。① 此外，优化知识产权案件管辖布局。2014年12月成立的广州知识产权法院，是全国首批知识产权法院；2017年11月，深圳知识产权法庭挂牌成立。

3. 法治建设和法律服务又上新台阶

法治建设"四级同创"活动全面推开。全面推开法治建设"四级同创"活动，广东70%以上县（市、区）、90%以上乡镇（街道）、50%以上村（社区）达到省级法治创建标准，全省30%以上的学校达到省级依法治校创建标准。出台党政主要负责人履行推进法治建设第一责任人职责实施细则，首次开展第一责任人述职报告。广东省和21个地市、121个县（市、区）设立了政府法律顾问室，"一村（社区）一法律

---

① 《广东法院司法体制改革取得阶段性成效》，《法制日报》2018年3月16日。

顾问"工作制度进一步完善，全面完成全省县镇村三级公共法律服务实体平台建设，组织开展37项法治惠民实事工程①。

"互联网+政法服务"打造半小时公共法律服务圈。利用微信、支付宝、手机APP等，实现随时随地在手机端咨询、预约、受理、缴费、查询出入境管理服务。在全国首创推出"互联网+行车服务"平台，解决群众普遍关心的出行拥堵、停车难等热点问题。探索建设智能化司法为民综合服务平台，提供网上立案、网上缴费、远程开庭等服务。打造覆盖城乡的半小时公共法律服务圈，开通"12348广东法网"服务，建立全国首例110报警服务台与12348公共法律服务热线联动协作机制②。

链 接

佛山全市738村（居）实现"一村（居）一法律顾问"100%覆盖

佛山738村居全部实现了"一村（居）一法律顾问"，达到100%全覆盖。"一村（居）一法律顾问"是指全市以村（居）为基础确定网格，为全市738个村居，派驻1至2名政治素质好、业务水平高的律师担任法律顾问，为村（居）提供法律咨询、法治宣传、案件调解等法律服务。目前佛山全市已有738村居全部实现了"一村（居）一法律顾问"，达到100%全覆盖。全市总共有521名专职律师进驻783个村（居）开展法律服务，按要求，驻村律师每月服务累计不少于

---

① 《连续四年保持刑事发案数下降》，《南方法治报》2018年2月7日。
② 《连续四年保持刑事发案数下降》，《南方法治报》2018年2月7日。

8小时,每季度至少举办1次法制讲座。据统计,全市村(居)法律顾问每年服务对象6万多人次,提供法律咨询等法律服务总数达2万多件次,有力促进了基层治理的法治化,维护了社会的和谐稳定。

(资料来源:"南方+"新闻客户端2017年12月14日)

4. 培育打造岭南普法品牌卓有成效[①]

普法工作的"广东经验"被多地借鉴。广东普法工作在大胆探索、锐意创新中不断前行,普法在经济社会发展中的引导、服务和保障作用越发凸显,形成了以普法立法提升普法教育规范化、法制化为基础,法制副校长、法制副主任、法律顾问为基层普法主体的"广东经验"。1998年,阳江市首创法制副校长制度,成为首个"吃螃蟹的人",此做法迅速在全国推广;2007年,广东率先颁布实施《广东省法制宣传教育条例》,实现法治宣传教育法制化、规范化;2009年,惠州市普法办率先试点行政村"法制副主任"和社区"法律顾问"工作,缘于基层普法模式创新的"一村(社区)一法律顾问"制度在全省推广。这些经验做法引来全国20多个省市学习取经。

培育打造普法特色品牌。围绕增强普法工作的针对性和实效性,广东省各地因地制宜,多年来不断创新法治宣传教育方式方法,培育了一系列岭南特色的普法品牌。深圳市自2007年开始,坚持开设"公民法律大讲堂",围绕市委、市政

---

① 《法治思维渗入每个社会细胞》,《法制日报》2017年5月13日。

府中心工作和民生关注热点开展法治宣传教育，搭建起一座"没有围墙的法律大学"，深受市民喜爱，讲座现场常常座无虚席。2012年广州市推行的"订单式"普法、2014年湛江市首创的"一中心三平台"基层以案释法模式、2015年东莞着力打造的"校园法苑"青少年学法新模式等，均是广东地区独具"岭南特色"普法品牌中的"佼佼者"。广东省普法办大力推进"南粤春雨"普法志愿者行动，在全省开展大学生结对500所中小学校模拟法庭以案释法活动，开展"千名青年律师千场校园志愿活动"，深受学校师生欢迎。

构建"大普法"工作格局。广东着力打造全天候、全覆盖的"广东普法教育网"，通过组建各类讲师团、律师团等社会公益普法主力军，引导志愿者广泛参与普法，探索政府购买法律服务模式，探索设立公益普法项目资助经费，有效调动社会力量参与普法。截至2017年5月，广东全省成立群众法治文艺团体118个、普法讲师团458支，吸收普法志愿者达66000多人。另一方面，以法治创建为抓手，广东推进法治创建与法治文化建设、法治实践相结合的"青少年法治教育实践基地"创建活动，充分发挥普法工作在基层治理中的基础性作用，以专业法律服务为引领，普援结合、普调结合、普治并举推进基层法治建设。

（二）法治广东建设面临新形势和新挑战

习近平总书记在参加十三届全国人大一次会议广东代表团审议时强调，"要把各项工作纳入法治轨道；坚持在法治轨道上统筹社会力量、平衡社会利益、调节社会关系、规范社会行为，依靠法治解决各种社会矛盾和问题，确保社会在深刻变革中既生机勃勃又井然有序。要针对人民群众反映强烈的问题，强化公正司法，让人民群众在每一个司法案件中感受到公平正义。"随着经济高质量的发展、全面开放新格局的构建与共建共治共享社会治理格局的营造，广东经济社会将实现跨越式的发展，这为依法治省和法治广东建设带来一系列的机遇和挑战。

经济转型升级急需法治发展保障。经济基础决定上层建筑。法治作为上层建筑的一部分，其发展进程和状况为经济发展状况和经济制度所决定。从两者的具体关系来看，经济发展为法治建设提供物质基础，而法治建设反过来影响经济发展的进程。当法治已不适应当前的经济发展状况时，必然会产生一系列矛盾，这些矛盾不但会阻碍经济发展、破坏社会和谐，还会影响法治自身的实践和发展。广东省经济结构将进行系列的调整升级，经济增速减缓产业升级，产业政策亟待调整；"一带一路"湾区建设，开放体系亟待完善；珠三角带动粤东西北，合作机制亟待健全。这些机制体制的确立和经济转型升级带来的政策调整，需要法治发展作为保障。

营造共治共享共建的社会治理格局需要法治发展同行。法治是社会发展到一定阶段的产物，社会发展进程深刻影响着法治的发展。一方面，在法律制度的规范下，各种社会要素有序运行的状态、各种社会条件和因素都会对法治产生或多或少的影响；另一方面，法治的根本目的是为了使社会向着更有益于人们生存、生活的方向发展，二者相互影响。随着社区治理与基层自治制度的进一步完善，基层社会组织载体日益健全，社区管理服务和基层自治内容不断丰富、形式更加多样。参与基层公共事务和公益事业的管理的机会越来越多，反过来对参与主体的能力素质提出了新的要求，如何提升法律意识、如何学好法、用好法成为参与主体能力建设的新课题。企业工会、职工代表大会所起的作用将逐步凸显，企业工会、职工代表在企业重大决策中所扮演的角色也越来越重要，这对他们用法律工具、法治思维解决问题的能力有了新的要求。

（三）全面推进法治广东建设的政策措施

改革开放 40 年，广东"先行一步"，做"吃螃蟹的人"，"摸着石头过河"，改革发展成为时代命题。改革发展离不开稳定，经济的高速发展必须以社会和谐稳定为先决条件。改革、发展、稳定，正构成当代广东的一个"铁三角"。而法治，正是这个三角形的平衡点。从"十二五"到"十三五"，广东正处于社会的深刻转型期。开放的全球化环境催生多元观点，市场经济使得利益博弈更为复杂化、社会转型引致诉求不一。如何掌握好破与立、进与守的辩证法？如何平衡个人与公共利益？如何破解眼前与未来的思考题？唯有断于法，才有共同的标准、公认的规则。唯有让"现实之法"成为所有人的"内心之法"，法治广东才能把经济社会发展的底线守牢守好，广东才能成为全国最安全稳定、最公平公正、法治环境最好的地区之一。

"增强人民群众安全感和满意度"，是法治建设的根本目标。依法治省不仅着眼全局谋划和顶层设计，更致力解决现实问题、对接群众感受，使人民群众的安全感更加充实、更有保障、更可持续。

1. 以良法促善治，夯实治理制度框架

良法善治，良法在前、善治在后，显示良法乃善治之前提，为善治之根本。以良法促发展、保善治，是夯实社会治理制度框架的首要方面。当前要加快社会领域的立法，着力解决社会治理过程中的法律依据不足、制度机制短缺的问题。在积极推进立法精细化的基础上，更加强调法律的可执行性，着力解决所制定的法律管不管用、适不适用、能不能解决实际问题的问题。同时，在经济领域立法的过程当中，充分考虑新法、新规对社会民生领域可能带来的多重后果。

2. 以严格规范公正文明执法促满意度提升

推进依法行政，建设法治政府，进一步凸显政府在社会治理的主导责任。以提升人民群众的满意度为最终目标，锲而不舍深化执法规范化建设，把严格规范公正文明执法的要求落细，把队伍正规化专业化职业化要求落实，完善行政执

法程序，加强对行政执法监督，坚决捍卫法律尊严，不断增强执法公信力。整合执法主体，相对集中执法权，推进综合执法，着力解决权责交叉、多头执法问题，建立权责统一、权威高效的行政执法体制。

3. 以公正司法筑牢社会公平正义的最后一道防线

新时代人民对美好生活的向往包含对公平正义的期待，法院和检察院要以公正司法为依归，坚持司法为民，健全畅通有序的诉求表达渠道，确保法律援助与司法救助的可及性，着力解决好老百姓打官司难的问题。坚持司法公开，及时回应民众对司法公正的关注和期盼，借助现代网络技术，主动接受监督，用老百姓看得见的方式来实现司法公正，让人民群众在每一个案件中都能感受到公平正义。

4. 以全民守法为基础巩固法治基石

努力形成办事依法、遇事找法、解决问题用法、化解矛盾靠法的良好法治环境。加大全民普法力度，建设社会主义法治文化，树立宪法法律至上、法律面前人人平等的法治理念，努力形成办事依法、遇事找法、解决问题用法、化解矛盾靠法的良好法治环境。推进社会治理的法治化，作为"关键少数"的各级领导干部肩负着特殊使命，要坚持敬畏法律，时刻铭记法律面前人人平等，遵守法律没有特权，执行法律没有例外，敬畏法律对自身权力的约束，敬畏法律对公民权利和社会公共利益的保障①。

---

① 《法治化是社会治理的主要路径和最佳模式》，《南方日报》2018年4月2日。

加强社会心理
服务体系建设

社会心态是在一定时期的社会环境和文化影响下形成的，社会中多数成员表现出的普遍的、一致的心理特点和行为模式，反映着社会风气、人们的理想追求和精神状态。① 社会的健康发展，需要稳固的心理基础和健康的社会心态。积极健康的社会心态是个人、社会、国家发展进步的重要社会心理基础，能够为个人和社会进步提供坚实的心理保证和强大的精神动力；不良的社会心态不仅对社会发展和改革进程产生抵触消解，而且对社会稳定与和谐社会建设也会产生消极影响。

社会心态既是一定时期社会环境和状况、社会矛盾和问题的反映，同时，也会影响社会的发展和变化。了解社会心态是开展社会治理的重要前提，调适社会心理，培育积极健康的社会心态，是社会治理的一项重要内容，加强社会心理服务体系建设对营造共建共治共享社会治理格局具有重要意义。

党和国家高度重视社会心态建设，党的十八大报告指出，全面提高公民道德素质，"加强和改进思想政治工作，注重人文关怀和心理疏导，培育自尊自信、理性平和、积极向上的社会心态"。党的十九大报告提出了"加强社会心理服务体系建设，培育自尊自信、理性平和、积极向上的社会心态"的总体要求，表明了我们党对新的历史条件下社会心态问题的敏锐把握，对培育因应经济社会发展要求的良好社会心态的高度自觉。广东要以习近平新时代中国特色社会主义思想和

---

① 王俊秀：《当前值得注意的六大社会心态问题和倾向》，《中国党政干部论坛》2015年第5期。

党的十九大精神为指引，高度重视和切实加强社会心理服务体系建设，通过全社会的共同努力，在南粤大地形成自尊自信、理性平和、积极向上的社会心态。

（一）广东社会心态总体理性平和、积极向上

社会心态发展要受到社会制度、政治、经济、文化以及公共服务水平、公平正义等因素的深刻影响。经过四十年的改革开放，随着广东经济、政治、文化、社会制度的不断完善，广东城乡居民社会心态发生了一系列与时俱进的适应性变化，总体来看，近年来广东社会心态正变得越来越理智成熟、开放多元、理性平和、积极向上。

1. 社会心态越来越理智而成熟

由于广东不断推进以改善民生为重点的社会建设和社会治理，深化劳动人事制度、工资制度、住房制度和医疗保障制度改革，着力化解民生相关难题，满足民生所需，促进社会公平正义，人民群众的价值观和社会心态变得越来越理智和成熟，社会心理承受能力日益提高。广州开展的社情民意调查显示，广州市民对生活状况满意度评价日益提高，2016年达到了48%，比2012年上升了17个百分点，市民对贫富差

距的不满意度，2017 年为 31%，比 2012 年下降了 31 个百分点。① 这一方面是因为社会公平性的提高，也与广大人民群众的社会心态的理性成熟、社会心理承受能力的大幅提高有密切关系。

2. 社会心态越来越多元和包容

广东是我国改革开放的先行地和试验区，广东人先行一步接受了市场经济观念，学会了用市场的标准、市场的手段来看待人、衡量人，包容意识、平等意识、诚信意识、风险意识较强，人们普遍认为，只要个人努力，都有可能找到适合自己的位置，都有机会通过主动参与社会创造活动来充分实现人生价值。

随着市场化的加深和人口的广泛流动，人们的社会心态更加多元化和具包容性。比如外来人口的快速转移为广东社会带来了就业竞争，也使得原来社会的基础设施不堪负担，给广东城市的基础设施建设、环境卫生、交通、就业、计划生育管理、市场管埋等带来压力，使得本地人与外地人容易产生冲突。但随着开放的进一步深入，广东民众保持开放的胸怀，渐渐以包容的眼光和胸襟对待外来人口。

3. 社会心态越来越积极和务实

广东是我国市场经济最发达和最活跃的地区，广东人具有岭南文化务实进取的精神，近年随着广东经济的持续增长

---

① 罗桦琳、鸣义：《广州市民生活满意度 5 年上升 17 个百分点》，《广州日报》2017 年 3 月 27 日。

和在全国、世界经济中的地位的不断提升,广东人的心态更加积极自信,自主参与社会竞争,营造出富有生机和活力的社会心态。据一项对广东网民的调查,广东微博网民的关注议题以民生为主,偏向实际。就业、食品安全等问题最受网民关注。[①]

4. 社会心态变得越来越开放和具世界性

广东以得天独厚的地理位置,成为我国对外开放最早的地区。从很早开始,岭南居民就与外国广泛开展经济和文化交流,孕育了人们的开放心态。近年,广东继续发挥着我国对外开放窗口的作用,不断扩大对外开放,"走出去、请进来"更加密集频繁,广东人的价值观和社会心态变得越来越开放,对各种外来文化和其他亚文化的接受能力不断提高,人们精神生活的全球化特征日渐明显,变得越来越具有世界意识。

(二)广东社会心理方面存在的主要问题与挑战

在社会结构深刻变动、利益格局深刻调整、思想观念深刻变化的大背景下,人们的社会心态也会随之发生变化。社

---

① 何凌南、毛思璐、张志安:《广东省城市网民社会心态报告》,载《中国社会心态研究报告(2016)》,社会科学文献出版社2016年版,第266页。

会贫富差距扩大、资源不均、人际关系复杂等因素，容易造成公民出现消极的社会心态，广东社会心态与全国其他地区一样，存在一些问题和挑战。

1. 社会焦虑心态在一些群体中弥散

近年来，广东人民的整体生活水平虽然有大幅提高，但财富在地区之间、群体之间和个人之间的分配并不均衡，阶层分化明显，容易形成人们在社会竞争中的不公平感和被剥夺感。一些人对高房价、分配不公等问题不满意，上学难、看病难、买房难，增强了人们的不确定感。从城乡居民的主观感受来看，生活压力普遍存在。在一些群体中，弥散着焦躁疑惧、迷茫失落的心态。

链 接

据广东省省情调查研究中心的"居民生活压力"问卷调查结果显示，全省有72.8%的受访者感受到一定程度的生活压力，其中，表示压力"很大"和"大"的共占比45.5%，表示压力"一般"的占18.3%。从压力源看，收入、住房、工作、子女教育、医疗、日常生活开支和养老是排在广东居民负担前七位的具体压力类型。不仅生活压力的覆盖面较广，而且压力的程度也较深。在问卷中所列举的日常生活开支、医疗、教育、住房、养老、就业、收入、交通出行、社会治安、生态环境、家庭关系、人际交往以及个人发展等13种压力类型中，每一种压力均有约五成以上承压者认为压力程度达到了"很大"和"大"，其中住房压力、子女教育压力、医疗压力、养老压力、收入压力、日常生活开支压力和生态环境压力,这一比例更是超过七成。

[资料来源:《广东经济社会发展报告(2017)》,广东人民出版社2017年版]

---

2. 存在较普遍的社会浮躁心态

浮躁这种冲动性、情绪性、盲动性相交织的病态社会心理,在广东社会各种职业、各年龄段和各阶层中也普遍存在。不少人急功近利,不愿扎扎实实地努力,不愿持久性地投入,总是盼望一蹴而就、一夜暴富、一夜成名,各种粗制滥造、"学术造假""豆腐渣工程""形象工程""政绩工程"等均是社会浮躁情绪的结果。

3. 部分人存在不安全感

安全是人们的基本需要,但在快速发展变化的社会转型期,食品安全、环境污染、交通事故、信任危机、道德滑坡等容易引发人们的不安全感,在快速发展变化的广东也不例外。不少人对就业、收入和个人发展没有安全感,对食品、药品、环境没有安全感。随着网络的快速发展,对个人的隐私也没有安全感。多种不安全感的叠加,造成人们的忧虑情绪,不利于平和理性社会心态的养成。

4. 部分人有不公平感

广东作为中国经济发展最快、改革开放最早的地区之一,地理位置特殊,人口流动量大,信息接收和传播速度快,并且容易受境内外舆论关注。社会存在一些不平等现象,容易引发人们的社会不公平心态，比如教育、医疗等社会资源在城乡、区域、群体之间不均衡配置，政府投资的社会服务项目地区分布上的较大差别，社保"双轨制"的存在，加上一些人以不正当的手段聚敛巨额财富，拉大了贫富差距，使一些人心里存在不公平感。

5. 部分人对社会缺乏信任感

经济和社会生活中一些弄虚作假、坑蒙欺诈行为的屡禁不止，某些群体间的利益冲突和矛盾，行政、司法中存在的某些官僚主义、形式主义和贪赃枉法行为，容易导致社会存在不信任心态，这种心态包括人际间不信任和官民之间、医患之间、师生之间等多个社会关系群体中的不信任。社会的不诚信带给了民众不容忽视的心理影响，如"诚信无用论""讲信用吃亏"等消极心态，在部分人群中仍颇有市场。

（三）健全社会心理服务体系优化广东社会心态

社会心态是社会存在的反映，培育广东积极健康的社会心态，取决于社会生活的改革与再造，有赖于优化社会心态背后的社会存在。如果我们把社会存在的问题解决好了，不良社会心态问题就迎刃而解。此外，广东还需要广泛调动社会力量，建立科学有效的诉求表达、心理预警及舆论疏导机制。

1. 加强民生社会建设，增强民众的生存安全感

培育健康的社会心态，必须正视和抓住社会的主要矛盾。党的十九大报告指出，当前社会的主要矛盾是"人民日益增长的美好生活需要和不平衡不充分的发展之间的矛盾"。群众的生活安全感是社会心态健康发展的关键，巨大的生活压力和不安全感，是民众产生焦虑感的首要原因，只有切实解决好民生问题，才能从根本上缓解民众的焦虑心态。广东要在新时代大力开展民生建设，着力破解人民群众最关心的问题，免除群众基本生活上的后顾之忧，贯彻落实省委第十二届四次全会提出的全力贯彻落实好习近平总书记对广东工作提出的"四个走在全国前列要求，把广东建设成为全国最安全稳定、最公平公正、法治环境最好地区之一"的目标。

一是加大对社会建设的投入，减轻居民生活中的普遍问题带来的压力感。民众的生活压力目前主要集中在住房、就业、医疗、教育等几个方面。要尽快减轻居民的生活成本，减少生存与发展压力，重点在就业、住房、就医以及教育等方面，加大投入力度，使我省在幼有所育、学有所教、劳有所得、病有所医、老有所养、住有所居、弱有所扶上取得新进展。

二是要关注不同社会阶层的差异化需求。对社会中层、中下层，要不断改善他们的生活条件，加强社会保障和社会支持体系建设，提高他们的获得感，降低不公平感；对中上层和上层群体，尊重他们更高的生活需求，并为其事业发展、自我实现创造更宽松的制度环境和社会条件。

三是因地制宜，有针对性地满足人们的实际需求。网络

时代,网民心态是社会心态的"风向标"。针对广东省网民在2015年全年的网络行为表现进行跟踪调查后的结果显示,广东各地区间网民心态存在差异。珠三角地区生活压力最大,最关心就业和房价;粤东地区最关心公共事务,对食品安全满意度低,整体政治参与度较高;粤西地区文化生活丰富,关注计划生育和养老问题,为生活满意度较高地区;粤北地区公共生活参与度低,关注物价和就医问题,整体网络活跃度较低。[①] 广东人社会心态呈现出明显的区域性特征,地域和人群差异显著,针对这种状况,应因地制宜,有针对性地满足不同区域、群体的民众诉求。

2. 完善社会诚信体系,增强人们的社会信任感

"民无信不立",社会诚信建设是维护正常社会秩序和经济社会发展的重要条件,是社会主义精神文明建设的基本要求。社会如果没有了信任,必然人人自危,对社会心态会产生极大的消极作用,广东要着力完善社会信用体系,重建社会信任。

一是要提升政府的公信力。政府诚信是社会诚信的基石,能给社会诚信起到示范和表率作用。为进一步提升政府公信力,各级政府领导干部必须坚持立党为公、执政为民,摒弃官僚主义、形式主义,必须坚持依规和依法行政,做到公正公平公开。

二是建立失信约束惩治机制。强化对失信者的惩罚,制

---

① 何凌南、毛思璐、张志安:《广东省城市网民社会心态报告》,载《中国社会心态研究报告(2016)》,社会科学文献出版社2016年版,第263页。

定和推行"失信成本"远高于"守信成本"的惩治制度，使守信者获益，使不守信者付出必要的代价。

三是加快建立健全个人信用制度。包括个人信用登记、个人信用评估、个人信用风险预警、个人信用风险管理及个人信用风险转嫁等制度。通过具有法律强制性的外部约束力量，来规范个人信用活动及当事人的信用行为。

四是促进诚信观由传统伦理型向现代契约型转化。人们订立契约源于彼此的信任，当契约信守精神在社会中成为一种约定俗成的主流时，诚信社会才能形成。我们一方面要汲取传统文化诚信观的合理内核，继承传统家族家风文化中的诚信观；另一方面要培养人们的现代契约精神，使交易、交往都以信用为中介。

3. 加强法治建设，增强人们的公平感

法治是不良社会心态优化之本。当前广东社会中存在不公平感，是由于社会中存在一些不公正现象引致的。这些不公正现象的产生，在很大程度上是由于法治不彰。要消除这些现象，维护公平正义，就必须厉行法治，还要通过树立人们对法治的信任来重建社会信任。

一是科学立法，以良法促进公平。加快完善体现权利公平、机会公平、规则公平的法律制度，更加重视清除市场壁垒，促进资源配置公平，促进公平竞争。进一步完善对维护群众切身利益具有重大作用的制度，健全财产、人身、交通、医疗、食品、就业、隐私和自然环境安全的法律规范，使群众由衷地感到权益受到了公平对待、利益得到了有效维护。

二是重视发挥司法公正对社会公正的引领作用，进一步完善执法司法的体制和机制，确保执法司法权有效行使，排除权力、人情、关系和利益对执法司法的干扰，有效防止执法司法人员被相对人、当事人所俘获的现象，让人民群众在每一个司法案件中感受到公平正义。

三是严格执法，加强对违法违规行为的惩治力度，坚决依法惩处违法犯罪、投机取巧、不公平竞争等行为。坚决打击侵害公民合法利益的行为，切实维护人民群众的现实利益，使人民群众在公正的法治环境中努力拼搏，实现价值。

4. 扩大公民的社会参与，增进自尊自信、理性平和的心态

广泛而深入的社会参与，是消除公民在人际关系上的疏离感、隔膜感和拒斥感，促进公民形成较强社会责任感、社会认同感和社会成就感的重要途径。通过扩大广大公民的社会参与，有利于增强人们的自尊自信和形成更加理性平和的心态，能更多地去覆盖和解决社会各类群体的各类需求，提升整个社会的和谐程度和幸福指数。我们要为公民有序参与社会公共活动提供制度环境和创造必要的条件。

一是加强公众参与的相关制度建设，建立一套保障公众有序而有效地参与社会治理的制度。包括完善政务公开制度、社会公示制度、民意调查制度、社会听证制度及公众参与权利保障救济制度，扩大公众的知情权与参与权、决策权、监督权，营造公开透明的社会治理环境。

二是着力构建公众参与的平台和载体，满足公众参与需求。应改革创新社会组织管理制度，鼓励和支持社会力量参

与社会治理、公共服务，积极培育社会组织特别是社区组织，将其打造为公众参与社区发展的平台和履行公共责任的载体。网络时代，政府要充分利用网络平台。广东是中国网民规模排名第一的大省。广东网站数量众多，居全国榜首。广东的网络问政亦十分发达，2015年政务微信就有1772个，整体规模在全国居首位。可引导网民在APP、微信、微博等平台参与公共事务。

5. 畅通群众利益诉求渠道

利益诉求渠道不畅易恶化社会心态，当正当的利益疏导渠道被堵塞之后，公众的社会心态便会发生急剧变化，导致正常的利益期待演化成为恶化的社会心态，因此全方位拓展社情民意的表达渠道，创新化解社会矛盾和疏导社会不良情绪的体制与机制，是构建社会心理服务体系的重要内容。

一是要健全社会成员诉求表达制度体系。我们要不断完善党政领导干部和党代表、人大代表、政协委员联系群众的制度，把群众利益诉求纳入制度化、规范化、法制化的轨道，综合运用法律、政策、经济、行政等手段和教育、协商、疏导等办法，把矛盾化解在基层、解决在萌芽状态。

二是完善社会成员诉求表达的渠道和网络。我们要充分利用媒体、社区、工会、政府官方网站与热线等，畅通公民利益诉求的渠道，建立民情、社情信息反馈机制，使公民的意见与建议拥有反馈的渠道和空间。

三是要建立突发公共危机事件公众信息反馈平台，用以全面了解公民的基本社会心态，更好地满足群众公共参与的诉求，保证社情民意表达渠道通畅，切实做到上情下达、下情上报。

6. 加强社会心态辨析和预警

社会心态风险重在预警防范，政府应当充分了解社会心态，及时掌握社会心态的波动状况，据此以应对公众诉求，进行科学决策和开展心理援助。

一是要加强对社会心态的监测和辨析。要建立社会心态监测系统，在遇到特殊问题和突发事件时，做出准确预测。要充分运用现代高新技术手段，加强调查研究，实时掌握舆情动态，及时了解社情民意。

二是加强社会心态风险评估。凡涉及群众切身利益、影响面广、可能引发社会心态波动的重大事项，在重大事项出现及相关政策出台前，从合法性、合理性、可控性等方面进行科学、系统的社会稳定风险评估，并根据评估结果采取有针对性的应对措施，有效化解和控制风险，最大限度地维护群众的根本利益。

三是要加强重点人群的心理问题干预，开展心理援助服务。包括搭建社会心理研究、咨询、服务、管理平台，建立重大灾害及突发事件后心理危机干预机制，加强对精神抑郁患者、问题青少年等群体的干预和治疗，及时安抚心态失衡、生活失意等人员。

7. 建立多层次的心理疏导及调节机制

社会的消极情绪具有一定的信号意义，是社会治理的一个重要内容。对社会的消极情绪，我们固然要通过正面宣传予以引导，但我们又要避免一味强调正能量而压制消极情绪的释放。在社会治理过程中建立多层次的心理疏导机制，使人们的负面消极心理得以释放，是保持社会稳定的重要条件。

一是建立情绪宣泄机制。现代心理学认为，情绪宣泄是获得精神健康的重要"营养素"，通过宣泄敌对、不满等消极情绪，有利于人们理顺情绪，恢复心理平衡。相反，如果这些不良情绪长期积累而得不到宣泄，往往就会产生心理障碍，严重时就会出现报复社会的行为。

链 接

深圳市市民情感护理中心就是一个专门为大众提供情绪宣泄的专业机构。该中心是一家提供心理援助的公益慈善组织，由深圳市民政局主管，内设办公室、咨询培训部、公共事业部等多个部门。该护理中心提出"倾听心声、沟通心灵、免费咨询"的服务宗旨，以情感护理热线电话88851085为平台，提供免费咨询、心理危机干预、心理援助等服务。该护理中心针对民众的各种困惑，从排解困难入手，引导民众树立积极的人生态度，正确对待困难和挫折，帮助民众解脱精神痛苦。多年来，该中心成功化解了许多矛盾，充分起到了社会稳定器的作用。

（资料来源：《城市和谐社会建设的新创举——深圳市市民情感护理中心的调查研究》，《信访与社会矛盾问题研究》2014年第5期）

二是心理疏导和教育调节相结合。针对广东当前部分民众表现出的功利、浮躁、焦虑等社会心态，应采取心理疏导和教育调节的方法，将心理学专业领域的知识应用到新时代的社会心理建设之中。各级地方政府要成立社会心态心理疏导专业机构，广泛邀请专业人士和具有积极社会心态的志愿者，定期走上街头、走进民巷、融入社区，加强与公民的近距离接触。通过访谈和调研，综合把握广东民众社会心态存在的问题，并及时予以心理疏导，帮助群众解决心理困惑与矛盾。比如通过加强对社会成员的人文关怀和心理引导，把个人价值取向和国家发展需要结合起来，提升社会个体对国家和社会的认同感；引导人们正确对待自己、他人和社会，正确对待困难、挫折和荣誉，减少失衡、攀比、仇富、浮躁等不健康心态。

8. 建立社会舆论宣传引导机制

社会舆论具有传播迅速和渗透性好、干预性强等特点，它可以广泛地影响大多数的社会成员，渗透到行政手段无法达到的、无能为力的角落。它能调节人们的心理，干预人们的行为，消除可能引发的不安情绪。因此，社会舆论的导向能够直接引发社会心理发生变化，从而对群众的思想情绪产生重大影响。加强社会心态服务体系建设，建立社会舆论宣传引导机制是重要一环。

一是坚持客观、理智的舆论导向。媒体要多宣传各行各业中通过艰辛劳动、努力奋斗而获得成功的典型，不能总是以猎奇的心态，去报道、宣扬一夜成名、一夜暴富等偶然的个例，以防挑起人们的浮躁心态。社会舆论要充分发挥其在财产、人身、交通、医疗、食品、就业、隐私和自然环境安全等方面的监督作用。

二是丰富健康社会心态的传播方式，利用新技术和新的文化形式加强健康社会心态培育。如在影视剧、体育比赛、综艺节目、文学艺术等方面，有意识地融入社会心态培育的内容，使公众的社会心态逐渐向着主流社会心态靠拢。

三是加强对媒体的监督管理，积极发挥媒体培育民众自尊自信和理性平和心态的作用。媒体要引导公众正确认识自己、认同自我与接纳自我，建立合理的自我评价体系，减少及避免与他人的无谓比较，追求内心的安全与充实；还要引导公众冷静看待事物，不为不良情绪所左右。

十一

加强社区治理体系建设

社区是社会管理创新的前沿阵地,是政府和社会的联结点,是政府公共服务和居民自治实践的社会场域,城乡社区治理是社会治理的重点和难点。对于社区的理解,存在一定混乱。有的人认为社区就是城市居委辖区,把社区和村并列。社区是若干社会群体或社会组织聚集在一地域,形成的一个生活上相互关联的大集体。① 社区泛指城乡社区,村居辖区都是社区。社区边界也不一定与村居行政区划完全一致,社区划分以自然属性为主,社区范围可大可小。

社区治理指地方政府、居民组织(村/居)、居民及辖区单位、企业、非营利组织等主体,基于社会理性、社区公共利益最大化和社区认同等原则,注重多方协商、对话、合作,有效供给社区公共物品,以满足社区需求、优化社区秩序、提升社区生活品质的活动过程与机制。② 近年来,随着经济社会发展转型、人口流动普遍化长期化、公共服务下沉社区、社区网格化管理逐渐建立、社区公共服务站全覆盖、社会组织承接政府购买服务、社会服务体系构建等深层次变迁与重构,社区治理体制面临较大挑战。越来越多的资源在社区聚集,由于没有厘清基层政府和社会的行动边界,社区村居委会过度行政化,社区人、财、物缺乏整合机制,配置效率不高,社会风险在社区累积。

习近平总书记对广东提出了"四个走在全国前列"的要求,在谈到"在营造共建共治共享社会治理格局上走在全国

---

① 《社会学概论》,天津人民出版社1984年版,第214页。
② 徐选国:《农村社区发展、社会工作介入与整合性治理——兼论我国农村社会工作的范式转向》,《华东理工大学学报》(社会科学版)2016年第5期。

前列"时,重点强调长治久安,关键在基层;安全稳定,重心在基层,要把资源、服务、管理放到基层,使基层有职有权有物,更好为群众提供精准有效的服务和管理。目前各地社区社会创新仍在摸索中前进,地方社区治理创新呈现碎片化、政绩化的特征,在社区治理改革的整体性、系统性和可持续性等方面难以突破,急需系统梳理基层社区面临的主要问题、困难,加强基层社会管理体制改革和社区治理顶层制度设计,提高公共服务供给水平,促进社区发展。

(一) 社区变迁与重构带来的社区治理挑战

1. 社会成员由"单位人"向"社会人"转变,社区管理从街居制到社区制转变

40年的改革开放使得基层社会管理模式发生巨大变化,从适合计划经济体制的"单位制"为主、"街居制"为辅的模式转变为适合市场经济体制的社区制模式。[①] 1988年以前,单位制是政府社会管理的主要方式,作为基层政府管理者的村居委会和单位(企业组织)是这一时期社区治理的主体,共同维护着国家对基层社会进行社会管理的主要目标,除此之外几乎没有其他与之对话或参与的主体。社区居民在社会利

---

① 夏建中:《从街居制到社区制:我国城市社区30年的变迁》,《黑龙江社会科学》2008年第5期。

益还未多元化时也基本不会对村居委会提出任何额外要求。这一时期基层治理是双重治理结构，绝大部分社会事务由单位（城市）或行政村（农村）处理，政府发布指令，单位或行政村实施社会治理。

作为城乡社区自治组织，村居委会既承担着政府的管理职责，也承担着公民和社会的自治职责。由于村居委是根据政府的管理需求自上而下地通过行政手段推动建立起来的，其成立基础、运行资源和日常运作受行政影响较大，严重制约了群众自治的实现。在老百姓的眼中，社区是政府的代表，而不是自己的代表。社会成员由"单位人"向"社会人"转变、社区管理从街居制到社区制转变标志着社会的组织化结构出现重大转型，大量的、原子化的个体在社区聚集、重构，社区管理面临重大变革和挑战。

2. 社区主体利益多元化与社区管理服务任务日益繁重并存

随着市场经济体制改革和城市化进程的加速，我国城乡社区的管理体制、居民结构及组织功能等各方面均发生巨大变化，社区情境呈现巨大变迁。其表现可归纳为如下要点：

一是人员结构变迁。人员流动性增强使社区之间和社区内部的人口结构差异逐渐加大、利益关系复杂，社区人口的异质性和碎片化特征凸显，[1]对社区整合带来挑战。社区承担社会成员的部分再组织化功能，需要在社区凝聚人心，团结

---

[1] 蔡禾、张蕴洁：《城市社区异质性与社区整合——基于2014年中国劳动力动态调查的分析》，《社会科学战线》2017年第3期。

居民参与社区建设。二是社区需求变迁。随着人口结构的变化，社区的需求也逐渐多样化，不仅有社区公共设施的建设改造需求、公共秩序重建需求、公共服务满足需求，还有由政策变化带来的社区不同主体的利益需求等。社区需求日渐多元，社区利益关系日益复杂。在此情况下，要有效治理社区、实现社区的有序整合，面临着巨大挑战。三是社区功能的变迁。政府公共服务下沉社区、社区内企事业单位社会功能弱化，直接导致了社区功能定位的"全能化"，与社区原来的人员和财政的配置不匹配。大量政务事项和资源对社区的下放，又使得社区行政化日益严重、资源整合能力不足，社区服务和自治功能弱化、资源投入产出效益不明显。

由于居（村）委会承担了很多行政职能，其主要精力是完成政府的任务，而非本辖区内的公共事务和公益事业，社区工作是任务导向而非需求导向，社区内部的公共事务很难被列入议事日程。"上面千条线，底下一根针"，政府各职能部门不断向村居委派发任务，频繁的检查、评比、考核使社区不堪重负。不少基层干部抱怨，工作压力"正在加大"，群众越来越"难以管理"，干部说话"没有威信"，基层社会治理陷入困境。

3. 社区治理体系重构

急剧的社区变迁对已往社区管理体制提出挑战，社区治理体系重构的需求已然提上日程。社区治理区别于长期以来以管理为本位的社区管理体制，在新的历史时期，它是在更加注重主体多元、资源整合、优势互补、协商对话、共识性规则等基础上形成的一套治理行动体系。① 近年来，社区治理体系的变迁与重构体现如下：

一是"三社联动"兴起，社区组织发展，社会工作职业开始在社区扎根，社区工作人员和社会组织及社工互动合作，共同在社区开展社会服务。二是以购买服务为主导的社区投入引导着社区各项事业的发展。除政府向社会组织购买服务外，还有公益慈善资金、社会互助基金等其他形式的社区投入。社区投入的总体规模日益壮大。三是网格化管理和居站分离改革成为社区治理结构创新的两种样态和范式，② 政府社区公共服务站全面建成。以广东省为例，2015 年，作为广东省十大民生实事之一的城乡社区公共服务站基本实现全覆盖，其与镇街和区县政务服务中心对接，形成三级公共服务网络，实现政府行政服务全覆盖。四是各条战线在社区搭建平台和服务站点。除公共服务站以外，还包括社区卫生服务中心、社区文化活动中心、民政系统的家庭综合服务中心或社区综合服务中心、妇联系统的妇女儿童之家、残联系统的工疗站或阳光家园，以及青少年服务阵地（如广州青年地带）、长者日托中心及原有的星光老年之家等等。各战线在社区兴建和升级改造，需要进行场地归置、建设规划、资源整合等各方面统筹协调。

随着单位制式微和住房制改革，传统的、单一的、垂直型

---

① 徐选国：《农村社区发展、社会工作介入与整合性治理——兼论我国农村社会工作的范式转向》，《华东理工大学学报》（社会科学版）2016 年第 5 期。

② 侯利文、张宝锋：《网格化与居站分离：逻辑、困局与反思》，《学术论坛》2014 年第 12 期。

的街居制已经转变成现代的、多元的、扁平型的社区制,社区政治话语的变迁和社区治理方式的变革诠释着社区时代的来临。[①] 现代社区正以较快的发展速度和较大的规模发生改变,社区的人、财、物等各方资源逐渐汇集,重构着社区的未来。

4. 社区治理面临的挑战

社区是社会"最下面的大箱子",由于没有理顺关系,各种问题、矛盾都挤压到社区前线,如果只是不断往社区倒东西而不清理,社区将不堪重负,甚至有爆炸的危险。现阶段,随着公共服务下沉、政府购买服务兴起、多元主体在社区培育等,社区在资源汇集中重构并面临一定治理风险,对此需要及时把握并加以控制。目前社区重构面临的主要问题和治理困境在于:

第一,社区变革和重构缺乏制度的顶层设计。各地探索的积极性较高,亮点纷呈,但整体呈现碎片化、无序化、难以推广运用的特征。许多改革创新以试点方式进行,试点单位多数是基础条件较好的样板项目点,项目难以复制。其主要原因是社区治理的具体框架未能建构好,街镇和社区的关系定位不明确,政府和社会关系还未理顺,政府和社会在社区的行动边界模糊。这些基本问题不明确,基层社区治理的方向就不能明确。

第二,基层社区治理探索由于缺乏顶层设计和统一认识,存在较多误区。由于没有严格区分广义和狭义政府购买服务,

[①] 陈潭、史海威:《社区治理的理论范式与实践逻辑》,《求索》2010年第8期。

在认识上形成了混乱。一些政府购买服务的文件以财政、民政的名义发布，里面涉及的内容关系到政府各个职能部门。政府购买服务不是民政一家主导的，政府购买服务涉及的是政府职能转移和简政放权，是供给侧改革的重要内容。政府的发文单位应是国务院或下面各级政府的政府办。用民政和财政发文，统筹政府购买服务，这个"帽子"小了。不解决这个问题，容易导致民政与群团组织之间、民政与其他政府部门之间新的矛盾，没有其他政府部门和群团组织广泛参与购买服务，没有部门间的统筹协调，政府购买服务的方向会陷入迷失。民政部2016年11月发布的《城乡社区服务体系建设规划（2016—2020年）》仅指出"将城乡社区自治组织纳入购买服务对象"，依然没有理清村居社区的哪些服务事项是购买服务的，这样会引起混乱。广东省内调研发现，有的地方认为凡要社区做的工作，都要搞购买服务；有的地方认为，凡是社区做的工作，除工资外，均要搞购买服务；有的地方认为，法定事项之外的工作，都是购买服务。我们曾经讨论了这样的例子，农村环境卫生算不算政府要提供的公共服务？要不要财政出钱请环卫工人搞农村的环境卫生？这一事项是政府的行政服务事项还是社区的自治事项？社区自治是什么？社区要自我管理、自我宣传教育、自我服务，社区自治和政务公共服务的边界是什么？

第三，社区投入的效率难以测量，投入产出效益不明显。投入社区的人力、财力、物资、资源等日益庞大，但其回报如何？是否实现了资源的最优配置？相对于经济效益，社会效益的评价和测量更困难，需要在政府购买服务中建立综合评价机制。通过明晰政府行政服务和社区自治服务权力边界、合理区分政府、居民和社会的责任，提高资源配置效率。由于目前社区均没有进行这样的界定，社区充斥大量低效甚至无效的投入。

（二）广东社区治理创新实践探索

1. 发挥基层党组织领导核心作用

根据党的十九大精神，将新时代坚持和发展中国特色社会主义摆在第一位的基本方略，就是要坚持党对一切工作的领导，确保党始终总揽全局、协调各方。习近平总书记曾从不同方面、不同角度，明确要求各级党委和政府高度重视社会治理工作。在基层治理方面，强调要把加强基层党的建设、巩固党的执政基础作为贯穿社会治理和基层建设的一条红线，深入拓展区域化党建[1]。《中共中央国务院关于加强和完善城乡社区治理的意见》提出，健全完善城乡社区治理体系，其中第一条是充分发挥基层党组织领导核心作用，强调把加强基层党的建设、巩固党的执政基础作为贯穿社会治理和基层建设的主线，探索加强基层党建引领社会治理的路径。广东省实施意见进一步提出：引导基层党组织强化政治功能，聚焦教育管理监督党员和组织宣传凝聚服务群众的职责任务，

---

[1] 《推进中国上海自由贸易试验区建设　加强和创新特大城市社会治理》，《人民日报》2014年3月6日。

推动街道（乡镇）党工委把工作重心转移到基层党组织建设上来，转移到做好公共服务、公共管理、公共安全工作以及为经济社会发展提供良好公共环境上来。加大软弱涣散社区党组织整顿力度，加强社区服务型党组织建设。健全社区党组织领导基层群众性自治组织开展工作的相关制度，推行社区（村）"两委"书记与主任"一肩挑"、班子成员"交叉任职"，健全社区（村）"两委"班子联席会议和党群联席会议制度，依法组织居民开展自治，及时帮助解决基层群众自治中存在的困难和问题。继续推进街道（乡镇）、城乡社区与驻社区单位共建互补，深入拓展区域化党建。推进商务楼宇、各类园区、商圈市场、网络媒体等新兴领域的党建覆盖。为了加强基层党建工作和党组织的战斗力，广东省村（居）委换届选举中，由省委组织部牵头，从组织上强化社区党组织领导作用；对"问题村"和软弱涣散社区党组织进行整顿，由上级委派干部担任社区党支部书记；加大社区"两新"组织党建工作力度，要求条件具备的社会组织及时建立党支部，对党员人数不足以建立党支部的，成立社会组织联合党支部。

2. 培育多元治理主体

由于社会多元治理主体长期发展较慢，现阶段仍然需要积极培育社区多元治理主体，以满足社区服务和社会治理需要。通过建立社会组织孵化基地、降低门槛、简化手续等手段，积极培育发展社区公益慈善、志愿互助、群众文体等类型的社会组织，有组织地凝聚社区居民参与社区自我管理、自我服务。进一步理顺居委会和物业、业主委员会的关系。指导居民依法依规成立业主委员会，强化社区居委会对辖区业主委员会、物业管理公司的指导和监督，完善居委会与业委会、物业管理公司工作协调机制，保障物业公司管理与群众自治高效衔接和良性互动。通过激发社区多元治理主体活力，及时探索、总结并推行社区治理联盟、互助社、街坊会、居民议事厅、社区基金会等新型治理形式，推动居民自治深入发展。发展培育社会组织，发挥"三社联动"载体作用。佛山南海区降低门槛、简化程序、设立扶持资金为社会培育组织，截至2016年6月，超过1500个社会组织在南海落地。珠海香洲区政府每年投入1500万元社会建设创新专项扶持资金，推动社会组织向社区深度延伸。截至2017年1月，香洲区全区共有社会组织565家。

3. 推行社区协商和居民议事

实现政府治理和社会调节、居民自治良性互动，需要发动居民广泛参与社区治理，进行自我管理、自我服务。建立健全社区民主协商平台和议事制度，由社区居委会牵头，以业委会主任和社区片长、楼长、层长为骨干，搭建诸如"居民议事厅""民情议事会"等居民议事平台、民意沟通平台，通过定期召开会议商议社区难点问题，并通过业委会主任、社区片长、社区楼长向居民传达决议，调动和整合辖区力量共同承担社区治理责任，协商处理社区管理、矛盾调处和公益服务等社区事务，丰富和发展居民自治内涵。深圳在社区层面完善居民议事机制，每个居委会选举产生一个21人的社区居民议事会，在社区基金使用、民生微实事项目等民生事件中，发挥参与决策作用。福田区在"民生微实事"社区治理平台上，"两代表一委员"、社会组织、社区人才、辖区企业、居民群众等多元主体积极参与，集聚了各类社会资源在此平台上发挥作用。

4. 积极搭建社区服务平台

搭建社会组织、居民、社会各方力量参与社会治理的平台，建立社情民意收集机制，撬动社会资源，实现公众参与。广东省内多地以"公益创投""社区微公益""圆梦计划""社区时间银行"等形式，政府搭台，百姓唱戏，以点带面，撬动社会资本参与社区服务，发掘了民间资源和力量，壮大了队伍，提供了灵活多样的服务，满足了社区个性化的需求，成为公共服务最后一公里的接力者和铺路石。广东省民政部门每年组织社区治理创新项目评比，带动全省社会治理创新活动持续发展。

链 接

南沙以"时间银行"为平台，建立社区邻里互助机制

南沙区搭建一个志愿服务互联网平台，以"互联网+"为依托，以志愿服务时间存储交换为核心，以"时间币"为媒介推动社会各界资源与社区需求对接的社区自助互助服务平台，包括政府在内，任何个人、单位均可注册成为会员，进行服务交换或公益合作。通过发动社会各类资源参与的方式，促进社区邻里自助互助，促进社区与社会、企业对接融合。自2014年5月成立至2016年5月，南沙"时间银行"注

册个人会员 27791 人、团体会员 54 家，对接的企业 32 家、社会组织 22 家，发布服务需求 1666 条、服务信息 57 条，完成对接 1379 条，吸纳政府和社会资源约 58.41 万元。为提升社区居民融合，发掘社区志愿者和热心人士提供了一个有利的平台，同时，吸纳社会公益基金 45 万元，为有需要的群体开展专项的社区服务。

（内容经作者整理所得）

5. 社区事项梳理

社区的很多问题是政社关系不清，职责不明造成的。因此，厘清政府社会互动边界，全面梳理社区事务，是首要问题。"政社互动"是指各级政府及其职能部门与基层群众自治组织、社会组织这两类社会管理主体之间，通过衔接互动理顺社会管理职能、调整社会管理结构、改进社会管理方式，从而更加有效地建立利益协调机制、诉求表达机制、矛盾调处机制、权益保障机制。党的十七大报告提出，要加强基层政权建设，完善政务公开、村务公开等制度，实现政府行政管理与基层群众自治有效衔接和良性互动。《国务院关于加强市县政府依法行政的决定》提出，增强社会自治功能，建立政府行政管理与基层群众自治有效衔接和良性互动机制。党的十八届三中全会通过的《中共中央关于全面深化改革若干重大问题的决定》提出关于"健全基层选举、议事、公开、述职、问责等机制。开展形式多样的基层民主协商，促进群众在城乡社区治理、基层公共事务和公益事业中依法自我管理、自我服务、自我教育、自我监督"的要求。明确政社互动边界,可以规范政府行政行为,实现由侧重管理向管理与服务相结合转变,由侧重外部约束向外部约束与社会自治相结合转变,由单向的、强制的、行政推动式的管理运行机制向社会化、市场化、平等互动的基层治理运行机制转变,这是进一步加强和创新社会治理、规范政府行政行为、推进基层民主建设、提升社会组织能力、巩固党的执政基础的一项重要举措。在社区层面的政社关系中,既包括政府和社会组织的关系,也包括政府和社区自治组织的关系。实现政府行政管理和社区居民自治的有效衔接,其核心问题是社区自治主体村居委会角色和职责定位。重点是社区层面对政府和社会的行动边界进行梳理,用科学的社区事务分类框架厘清社区事务。据了解,社区各类事项近两百条,涉及方方面面,由于分类较难,没有科学厘清政府和社会的边界,一些前期探索的地区工作也难以深化前进,后续工作难以开展。2015年以来,广东省在社区普遍建立社区公共服务站,对社区事项进行全面梳理,为社区减负和公共服务站标准化工作进行持续深入的探索。

6. 全国社区治理和服务创新实验区经验贡献

社区治理和服务创新工作,主要目标是在基层社区构建新型社区治理机制,构建多元主体参与的社会协同管理,实现社区自我管理、自我服务,实现政社良性互动。2012年,广州市越秀区、南沙区,深圳市罗湖区、坪山区,以及佛山市南海区被确定为广东省五个"全国社区治理和服务创新实验区"。经过几年的探索实践,基本理清了社区治理与服务的工作思路,明确了重点工作框架,形成了完整的制度体系,对社区治理和服务的顶层制度设计作出了有益尝试。

---链 接---

南沙区作为"全国社区治理和服务创新实验区"的主要产出

1. 建立了"4+1"社区事项分类框架。以此框架为基础，明晰镇街与城乡社区的权力边界和职责范围，确定依法承担社区自治事项33项、依法协助公共服务事项32项。建立了社区事项准入制度，逐渐推动发展性社区公益服务事项开展。在分类治理框架下，社区自治组织将逐渐回归自治管理本位，将政府和社会的边界厘清了，为社区实现自我管理、自我服务、自我教育打好了基础。

2. 着力构建"1+4"治理结构。"1"即社区党组织，"4"即村（居）委会、社区公共服务站、社区综合服务中心、村务监督委员会（社区廉政监察站），实行一个核心、四位一体，即社区党组织是领导核心，牵头抓总；村（居）委会负责组织居民自治，反映居民诉求，协助社区党组织开展社区协商；社区公共服务站负责政府下沉的公共事项的办理；社区综合服务中心配合村居两委开展社区服务。初步形成了在社区党组织的统一领导下，社区、社会组织、社工和志愿者多方携手、多元共治的基层社区治理新格局。

3. 以平台搭建为载体，构建社区自治机制。搭建多元参与的议事协商平台，完善全区28个城市社区居民议事厅，规范议事程序。积极探索灵活多变、避繁就简的社区协商议事模式，不断发动社区各方力量参与社区建设。利用社区论坛、居民座谈、网格员巡查、社工（志愿者）走访、QQ（微信群反映等多种手段，集思广益，收集社区需求及存在问题并通过居民代表会议审议纳入创建方案的共1768项，议事134次，落实和解决事项1502项。通过平台建设和社区治理主体培育，在社区实现了有平台、有机制、有资源，村（居）委会、社会组织和社工构建了"三社"资源共享、优势互补、相互促进的良好工作格局。

4. 构建社会治理和服务评价体系。为了给社区创新工作提供规范和指引，制定社区治理和服务评估体系标准，该评价体系包括基础设施和平台建设、社区治理、社区服务三大板块共11条标准，对促进南沙区社区治理和服务创新工作，完善社区治理服务体系建设，实现社区治理和服务规范化、标准化，提高社区治理和服务水平发挥了较大作用。

（内容经作者整理所得）

（三）愿景目标、发展思路与主要措施

1. 愿景目标

党的十九大报告指出："加强社区治理体系建设，推动社会治理重心向基层下移，发挥社会组织作用，实现政府治理和社会调节、居民自治良性互动。"[①] 习近平总书记对广东提

[①] 《决胜全面建成小康社会 夺取新时代中国特色社会主义伟大胜利》，人民出版社2017年版，第49页。

出了"四个走在全国前列"的要求,在谈到"在营造共建共治共享社会治理格局上走在全国前列"时,重点强调长治久安,关键在基层;安全稳定,重心在基层。要把资源、服务、管理放到基层,使基层有职有权有物。更好为群众提供精准有效的服务和管理。要把基层治理同基层党建结合起来,采取有力措施提高基层党组织的组织力、战斗力。习近平总书记强调,社会治理的重心必须落到城乡社区,要"深化拓展网格化管理,尽可能把资源、服务、管理放到基层,使基层有职有权有物,更好为群众提供精准有效的服务和管理"。① 他还指出:社区虽小,但连着千家万户,做好社区工作十分重要。② 上述论述表明,创新社区治理,是创新社会治理体制机制、优化城乡社区治理的重中之重。要尽可能把资源、服务、管理放到基层,使基层有职有权有物,更好为群众提供精准有效的服务和管理;要以基层党组织建设为关键,以居民需求为导向,健全完善城乡社区治理体系,提升社区治理水平,补齐城乡社区治理短板,推动形成党领导下的政府治理和社会调节、居民自治良性互动格局,全面提升社区治理法治化、科学化、精细化水平。加强社区治理体系建设,推动社会治理重心向基层下移,把资源、服务、管理放到基层,使基层有职有权有物,更好为群众提供精准有效的服务和管理。这是党和政府对基层治理的要求,也反映了广大居民的期盼。通过有效社区治理,实现政府治理和社会调节、居民

---

① 《习近平关于全面深化改革论述摘编》,中央文献出版社 2014 年版,第 101 页。

② 《全面深化改革全面推进依法治国 为全面建成小康社会提供动力和保障》,《人民日报》2014 年 11 月 3 日。

自治良性互动,促进社区发展。2017年4月发布的《中共中央国务院关于加强和完善城乡社区治理的意见》(简称《意见》),重点是健全完善城乡社区治理体系,提出总体目标是:到2020年,基本形成基层党组织领导、基层政府主导的多方参与、共同治理的城乡社区治理体系。广东省为贯彻落实《意见》精神,提出实施意见,广东省的总目标是:到2020年,基本形成基层党组织领导、基层政府主导的多方参与、共同治理的城乡社区治理体系,城乡社区治理能力显著提升,创建一批和谐有序、绿色文明、创新包容、共建共享的幸福社区家园。到2025年,城乡社区治理体制更加成熟定型,城乡社区治理能力更加精准全面,为推进治理体系和治理能力现代化奠定坚实基础,为实现"两个一百年"奋斗目标和中华民族伟大复兴的中国梦提供可靠保证。

2. 发展思路

社区实现精准有效的服务和管理,是一项艰苦的工作。长期以来,我国的社会治理模式存在"十重十轻"的误区,即重强化轻改革、重维稳轻根本、重管理轻服务、重形式轻内容、重标准统一轻条件差异、重全面控制轻激发活力、重政府责任轻社会参与、重权力延伸轻村居自治、重现代技术轻群众工作、重属地管理轻上级责任。这种传统的社会治理模式使得当前的社会治理局面陷入了困境:地方政府在社会治理创新过程中产生了职能的非理性膨胀问题。一方面,地方政府希望通过职能的扩张来处理新问题和解决某些不足之处,实现对辖区内社会秩序的有效管控;另一方面,居民对政府公共供给需求的无止境性,导致政府陷入事无巨细的繁枝末节性的社会事务之中，最终导致行政成本过高、陷入了过多的具体事务而未提供有效的替代方法以及由政府提供服务必然会导致低效率等问题。在基层社区治理体系构建上，迫切需要进一步明确和完善社区基层治理的改革思路和顶层设计。首先，需要在社区层面理顺政府和社会的关系，对社区内的事权、财权、人力资源和社会资源配置进行系统性、全面的梳理，列出行政性事项和居民自治性事项，区分在公共事务管理和服务中的政府责任、居民责任、社会责任。其次，在社区治理框架下，培育多元治理主体，政府搭台、百姓唱戏。再次，需要政府的投入和规范引导。按照事权划分，相应配置人力、物力和财力；政府密切关注社区改革进程，及时建章立规，有章可循，依法治理；加强基层党建工作，把基层治理同基层党建结合起来，实现"党委领导、政府主导、社会协同、公众参与、法治保障"社会治理。综合起来讲，加强基层社区治理体系建设的发展思路是：顶层设计、凝聚社会共识、基层党建引领、理顺政社关系、搭建社区治理平台，为社区群众公众参与搭建平台。

3. 加强社区治理的主要政策建议

（1）构建基层社区治理体系，厘清政府、居民、社会责任，防止政府大包大揽。①

科学厘清政府、居民、社会的权利义务关系，有系统性、层次性地有序构建现代社会治理体系。首先，居民有想法，

---

① 摘自《城市基层社会治理深化研究——以广州市越秀区为例》，刘梦琴主持课题成果，2014—2015年。

可通过居民自治机制,解决大部分居民事务性工作,及时化解问题,这是社会治理的第一级阶梯;其次,居民有要求,可通过网格化机制,连接到相关部门,及时处理,这是社会治理的第二级阶梯;再次,居民有诉求,可以通过社会化运作机制,通过社会资源链接和服务转介,构筑社会保护屏障,这是社会治理的第三级阶梯。即居民事务先自治,政府兜底找网格,贴心服务社会帮。三级阶梯具有层次性、协同性、系统性,第一个层次是居民的责任,第二个层次是政府基本公共服务兜底的责任,第三个层次是社会的责任。

(2)明晰政府行政服务和社区自治的行动边界,为社区人、财、物和资源的配置搭建科学分类框架,为政社良性互动打好基础。①

理清社区承担的公共服务事项,需要设立一个科学的分类框架。我们在蕉岭、南沙等地进行实验,明晰镇街与城乡社区的权力边界和职责范围,建立了"4+1"社区分类治理框架。一个维度是有/无法律法规依据,一个维度是政务服务事项/自治事项,将社区的工作事务分为四个大类,② 即村

---

① 摘自《村居自治改革创新项目》(蕉岭、陆河),刘梦琴主持省民政厅招标课题,2015—2016年。

② 村(居)民委员会依法承担的社区服务事项即依据国家法律法规,村(居)委会需要在所在的社区内自主开展的内部性事项,如精神文明建设、普法宣传等;村(居)民委员会依法协助的政务服务事项,是指依据国家法律法规规定,村(居)委会需要协助政府等开展的工作,是外部加于社区的政务服务;准入类其他政务服务事项是指一些法律没有明确规定的或者突发的临时性事务,这些事务确实需要村(居)委会的支持来开展;发展性社区服务事项是指村(居)委会根据社区的资源禀赋和群众特点,自主开展的社区服务或者活动。

（居）民委员会依法协助的公共服务事项（A类事项）、村（居）民委员会依法承担的社区自治事项（B类事项）、准入类公共服务事项（C类事项）和发展性社区公益服务事项（D类事项），进一步明晰乡镇政府（街道）与自治组织的权力边界和职责范围。

表11-1 社区事务分类框架

	政务服务事项	社区自治事项
有法律法规要求的事项	A：依法协助公共服务事项	B：依法承担社区自治事项
法律法规没有明确要求的事项	C：准入类公共服务事项	D：发展性社区公益服务事项

对于需要依法承担的社区自治事项和依法协助的公共服务事项，视为村（居）委的本职工作，按照原有的路径开展，人员、经费等由原有渠道予以保障。准入类公共服务事项为法律、法规未规定，但确需由村（居）委会承担或者协助的公共服务，建立社区事务准入制度，坚持"权随责走、费随事转"的原则，明确授权内容、对象、权限、时限和拨付经费等，未经审批的，社区有权拒绝。准入制要求所有法律法规要求之外的事项要通过准入制度，为社区减负，明晰政府和社会的责权关系。但这涉及政府及其职能部门在社区开展公共服务的整合，不能有的部门绕过准入制，照老办法给社区派任务。准入类公共服务事项和发展性社区公益服务事项，可以通过公开招标、项目发包、项目申请、委托管理等方式，由政府购买基层群众自治组织和社会组织服务，签订《项目协议书》，并按照"权随责走，费随事转，权责匹配，事费结合"原则落实项目经费。发展性社区公益服务事项是在原有

社区高度行政化模式下无力顾及、开展较少的社区服务和社区发展事项，是未来社区自治、社区发展的前进方向和着力点。资源配置方式可以是财政投入类的购买服务、协议委托，也可以是社会化的筹资，如公益创投、慈善捐助、社会和社区基金，还可以是志愿服务和居民互助，真正地通过社会多方协同参与、促进社区发展。

(3) 建立以工作规范和效率为导向的社区治理和服务创新评价体系。

一方面，社区治理和服务创新效果需要接受社会和政府的检验和评价；另一方面，也要给摸着石头过河的搞社区治理创新的社区提供工作指引，大体规范社区创新发展方向。由刘梦琴研究员带队的课题组在南沙区构建了"社区治理和服务创新评估指标体系"，按基础设施和平台建设、社区治理、社区服务三大板块构建评价体系，其中社区治理又包括社区协商议事、社区多元主体参与、"三社联动"等二级指标，社区服务包括社会工作服务和服务品牌等二级指标，共设立了11条标准。通过制定社区治理和服务评估体系标准，实现社区治理和服务规范化、标准化，促进社区治理和服务创新工作，总结社区治理建设经验与不足，提高社区治理和服务水平。

(4) 搭建社会组织、居民、社会各方力量参与社区社会治理和社会服务的平台，健全居民自治架构，完善社区居民自治体系。

营造多元参与、共建共享的社区自治平台。通过平台建设和社区治理主体培育，通过自治架构完善与自治机制的完善，在社区实现有平台、有机制、有资源，确保居民自治有权利参与、有渠道发言、有经费支持、有项目开展，为居民自主自愿自我解决实际问题提供平台、空间与资源。一是积极培育社区治理多元治理主体。通过建立社会组织孵化基地、降低门槛、简化手续等手段，积极培育发展社区公益慈善、志愿互助、群众文体等类型的社会组织，有组织地凝聚社区居民参与社区自我管理、自我服务。二是夯实以居民自治组织为主体的居民议事机制与社区公共议题的形成机制，充分挖掘与发挥片区内热心公益与社区事务的老干部、老党员、老专家、老战士、老教师、老居民，激发他们参与自治的热情。三是深化推动居民自治项目化。建立自治项目征集机制、发布机制与优秀案例奖励机制，在居民群众切实关心的物业管理、环境维护、治安巡查、纠纷调解、文化娱乐等方面，引导居民自觉自愿参与自治。四是开展社区公益事业建设"一事一议"财政奖补工作，在充分调研、综合评估基础上，确定"以奖代补"的奖励内容、标准、条件、程序等事项，形成实施方案。五是推动社区居民自治法治化，建立健全居民自治事务的协商决策机制。明晰居民平等协商社区事务的法定流程，完善社区重大事务提案启动机制、仲裁机制与终结机制。探索建立居民自治参与评议公共政策参与机制与评议机制。加强公众对公共政策制定的实质性参与。在对公众利益产生重大影响的政策决策方面，给予利益相关者充分讨论博弈，通过打开通畅公众参与的渠道，实现社会治理的深化。

充分激发社会组织活力

（一）社会组织发展演变考察

1. 改革开放和市场化促使社会结构转型，体制外社会组织蓬勃发展

改革开放以前，我国社会以计划经济为主，社会组织形态以单位制为基础，社会成员的生活和生命轨迹基本上在单位内，单位成员之间具有高度的利益相关性，党和国家通过单位体制动员和引导社会成员，实现对社会成员的组织化。在这种社会管理体制下，政府和单位几乎包揽了所有社会事务，社会力量薄弱。随着市场经济的建立和发展，单位体制逐渐式微，大量体制外的民营和外资企业、非营利组织等兴起，与市场经济下各种新业态的兴起相伴，人们的生活方式也发生了一定的变化，离开了曾经有归属感的单位，基于兴趣或者利益等动机，各类社会组织日渐增多。

社会结构的转型不仅表现为计划体制向市场体制的转型，也表现为传统较为封闭的社会向网络信息化社会的转型。网络使社会交往途径更加便捷，交往方式更加多样，原子化个体和自组织形成的社会空间逐渐扩大，社会组织不断产生、分化和发展。

2. 政府转变职能和政府购买服务催生社会组织大发展

党的十八届三中全会提出，全面深化改革的总目标是完善和发展当代中国制度，推进国家治理体系和治理能力现代化。对于社会而言，就是推进社会治理体系和治理能力现代化。现代化的社会治理就是要培育多元化的社会治理主体，保障多元主体有效参与。转变政府职能，厘清政府、社会组织和公民的责任、利益和机制关系，强化群众参与社会治理的功能，从而形成各主体协同、合作、良性互动的社会共治局面；通过推进民主化、法治化进程，充分尊重民意，顺应人民广泛参与政治的需要，让人民群众有序、有效地参与社会治理过程的方方面面，创造群众参与社会治理的政治、社会环境。社会组织面临的社会环境发生了较大变化。政府开始对社会组织登记管理和业务主管双重管理体制进行改革，部分社会组织的登记门槛降低，部分社会组织在登记前不用再找业务主管单位挂靠，社会组织的发展环境趋于宽松，大量社会组织涌现。创新社会治理，通过政府购买服务、开放公共服务市场，鼓励和引导企事业单位、社会组织、人民群众积极参与社会治理。社会组织迎来一个全新的、具有划时代意义的发展机遇。

党的十八大以来，广东在新的理念指导下，适应新的形势，推出了很多创新社会治理的举措，在发展社会组织、平安建设、"三社（社区、社会组织、社会工作专业人才）联动"等多个方面都取得了很大进展，多个地市积极参与社会治理创新，探索多元主体协同共治。这一时期社会组织数量递增明显。广东社会组织发展步入快速增长阶段。截至2016

年底，广东省共登记社会组织 59520 个。① 随着扶持力度加大，广东社会组织的服务能力得到了提升，各类公益性社会组织的品牌影响力不断扩大，日益成为推动社会发展的一支重要生力军。

（二）社会组织参与社会治理

1. 政府、市场和社会在社会治理中的角色和分工

我国改革开放的过程，从政治的意义上可以说是从国家与社会的高度一体化到逐渐分化的过程，这一过程的本质内容就是政府向社会放权，政府将繁重的社会服务事项逐渐转移出来，由社会组织承接大量社会服务。公共服务的"政府放权、民间接力"过程就是公共服务社会化的过程。政府、市场和第三部门（社会组织）在公共产品供给的过程中，有各自的角色分工，由政府、市场和第三部门联合供给公共服务，提高公共服务的供给效率。从公共产品供给的理论和实践来看，公共产品（公共服务）模式经历了一个逐步完善发展的过程：从单中心管制模式（政府成为公共产品供给的垄断者）、双中心供给模式（政府和市场二元公共产品供给模式）和多中心治理模式（政府、市场和第三部门联合供给公

---

① 王聪：《粤社会组织数量 4 年来增长近 70%》，南方网 2017 年 3 月 17 日。

共产品)。第三部门多以社会弱势群体或边缘性社会群体为服务对象,有贴近基层的优势,具有非营利性、志愿性、公益性等特征,易于引起社会对其普遍的道义信任,从而在运作时能够获得大量的社会支持。第三部门能够对政府"不该管""管不了""管不好"的事进行有效弥补,能够在决策咨询、政策宣传、政策实施、矛盾疏导、表达民意等方面起到桥梁纽带作用,能够灵活、高效、低成本地供给公共产品,可以更好地满足公共产品多样化的需求。在发达国家,作为第三部门的社会组织承担着政府、企业之外大量的社会事务。社会组织是社会管理和公共服务领域的一支重要力量。

为了加快基本公共服务均等化进程、提高社会公共服务水平,在构建现代治理体系中,政府致力于公共服务供给方式变革探索,由政府、市场、社会第三部门联合供给公共服务,并厘清各自服务边界,提高公共服务供给的效率和水平。一方面,政府包揽公共服务降低公共服务供给效率,出现供给不足、供给过剩现象。这需要政府放权,将繁重的社会服务事项逐渐转移出来,由社会组织承接大量社会服务。另一方面,目前社会组织普遍弱小,需大力培育、扶持社会组织发展,提高社会组织的服务能力和水平。二者的良好互动形成"政府放权、民间接力"局面,逐渐提高社会公共服务水平。

政府、市场与第三部门在公共产品供给中各有优势与不足。政府在公共管理、制定规章制度、保障平等、保障服务的连续性等方面具有优势;享有权威的政府履行公共责任的程度是一个社会责任水平和信任水平的"晴雨表",而最大的功能缺陷在于难以实现资源的有效配置。市场作为一种当前公认有效的资源配置方式，最大优势在于市场交换机制，可通过多种方式为公共产品供给注入新的血液和活力，适合完成经济任务、投资任务、创新和有风险的任务、技术性任务以及产生利润的任务；市场也存在固有缺陷，比如难以消除投机行为、无法解决外部效应与可能损害社会公平等。对于政府难以顾及、市场不愿意涉足的地带，第三部门作为"市场失灵"和"政府失灵"的补充，在一定程度上是"政府职能的替代物"，是市场失灵的"救火队"，是民间资源的"思想库"。而且，第三部门在完成微利或者无利可图的任务、需要有同情心和对个人关心尊重的任务、需要具有广泛信任的任务、需要亲自动手的任务及牵涉到贯彻道德准则与个人行为职责的任务方面更胜一筹。

第三部门不仅可以在不同层面、以各种灵活的方式、及时有效地供给和满足不断增长的多样化的公共需求，而且还可以根据公共需求强度的不同而决定非营利组织规模的大小，使其在满足公共需要方面更有成效。第三部门供给的公共产品有多种类型，主要有以下几类：一是政府无力供给或政府供给效率不高、市场又不愿供给的公共产品。比如针对快速老龄化，由于微利甚至无利，老人院、残疾人托养中心等社会服务长期投入不足，家庭背上沉重负担。二是信息类公共产品。其主要作用就是在政府与公民之间、政府与市场之间、市场与公民之间沟通协调、上传下达，而沟通的主要方式之一就是通过在各主体之间进行信息交换，并在一些领域和生产环节为公民提供相应的技术服务、生产信息、市场供求和销售信息。三是针对特殊群体的公益性公共产品，这主要是通过各种志愿团体和慈善机构等组织供给。如农村贫困问题、外来务工人员权益保护问题、生态环境整治问题、法律援助问题、流动人口问题、留守儿童问题、妇女儿童权益保护问题、老年人问题、艾滋病问题等需要人文关怀的公共领域，在各种社会问题比较集中的公益性领域里，鼓励民间组织积极发挥作用。

2. 社会组织分类治理和行动边界

在现代社会治理体系中，社会组织必将日益壮大。如何规范社会组织行为，有效治理社会组织？这是大家共同关心的问题，这一问题不解决，社会组织的发展前景就不明确，社会组织就不会有大发展。社会组织类型各异，需要将社会组织分类治理，确定各自的行动边界。按照结构、行为、功能三个指标可将当前中国的民间组织归纳为15种类型，将政府的控制策略归纳为准政府、事业单位、双重管理、归口管理、代管、放任、禁止等7种多元化分类控制模式，政府的发展策略则包括延续、新建、收编、合作、无支持5种，这一分析框架成为社会组织治理研究的基本框架，开创了类型分析和分类治理研究的先例。[①] 在此基础上，可将社会组织整合为三种：国家财政供给的人民团体与事业单位；政府支持，经费自筹，能够提供有效公共服务的营利性、服务性社会组织；草根性、多元化、维权性的利益表达性社会组织。对应于这三种社会组织类型，地方政府已经形成三种相应的治理模式：推动人民团体及免登记团体的枢纽性社会组织建设；对服务

---

① 康晓光、韩恒：《分类控制：当前中国大陆国家与社会关系研究》，《社会学研究》2005年第6期。

性社会组织进行项目制的组织治理；通过领袖吸纳、组织（结构）吸纳与职能吸纳的方式，将草根化、多元化的利益表达性社会组织并入政治体制。① 需要注意的是，分类治理的政府治理社会组织模式的地方性，用"体制扩容"说明当前中国的社会组织治理模式不是理性顶层制度设计，而是基于地方实践的治理经验。② 此外还将政府与社会组织之间的关系划分为"内生依附性关系""权威关系"和"疏离关系"三种，群团组织与政府是"内生依附性关系"。③

目前，按非营利组织在组织构成、性质和运作机制上的重大区别，将民间组织划分为基金会、社会团体和民办非企业单位三个大类，即将财团性、社团性和服务实体性三种类别的非营利组织作了合理划分。社团性组织又划分为学术性、行业性、专业性和联合性四种类型。对应三大组织类型，国家有相应的法律法规约束。

（三）社会组织治理：规范发展与社会扶持并重

习近平总书记指出："社会治理是一门科学，管得太死，

---

① 王名：《非营利组织的社会功能及其分类》，《学术月刊》2006年第9期。
② 王向民：《分类治理与体制扩容》，《华东师范大学学报》（哲学社会科学版）2014年第5期。
③ 刘传铭：《我国政府与社会组织之间的关系研究——基于北京、上海、广州、深圳的调查研究》，《经济研究参考》2012年第12期。

一潭死水不行；管得太松，波涛汹涌也不行"，"在具体工作中，不能简单依靠打压管控、硬性维稳，还要重视疏导化解、柔性维稳，注重动员组织社会力量共同参与，发动全社会一起来做好维护社会稳定工作"[1]。总之，一个好的社会，既要充满活力，又要和谐有序。[2]对社会组织的治理，阐明了基本原则。在社会组织治理上，使社会既充满活力又和谐有序。2016年8月，中共中央办公厅、国务院办公厅印发《关于改革社会组织管理制度促进社会组织健康有序发展的意见》，指出到2020年，"政社分开、权责明确、依法自治的社会组织制度基本建立，结构合理、功能完善、竞争有序、诚信自律、充满活力的社会组织发展格局基本形成"，坚持放管并重，"既要简政放权，优化服务，积极培育扶持，又要加强事中事后监管，促进社会组织健康有序发展"。要注重社会组织培育和引导，推动社会组织明确权责、规范自律、依法自治、发挥作用。

1. 政策与法律规范

社会组织依法自治，需要健全社会组织管理法律法规体系。其一是《宪法》《税法》等基本层面对社会组织权利义务进行规定。其二是根据不同类型的社会组织，制定配套的法律法规。我国按社会团体、基金会、民办非企业三大类出台相应的管理规定。1998年修订的《社会团体登记管理条例》，

---

[1] 《习近平关于全面建成小康社会论述摘编》，中央文献出版社2016年版，第139页。

[2] 霍小光：《习近平：干在实处永无止境 走在前列要谋新篇》，《人民日报》2015年5月28日。

确立了社会组织的"双重管理体制",即登记管理机关和业务主管单位双重负责的管理体制。2004年将基金会从社会团体中分离出来,并颁布《基金会管理条例》。其三是各类社会组织管理的规章制度,包括地方对社会组织的管理条例。完整的社会组织法律法规体系,使所有社会组织都纳入到依法管理和分类管理的框架体系之中。法律法规体系完备,是社会组织管理的制度基础。

配合政府简政放权和政府购买服务,国家和省先后出台了系列规范性文件。2012年,广东省率先发布《政府向社会组织购买服务暂行办法》;2013年,国务院办公厅发布《关于政府向社会力量购买服务的指导意见》;2014年4月,财政部出台《关于推进和完善服务项目政府采购有关问题的通知》;同年11月,财政部、民政部印发《关于支持和规范社会组织承接政府购买服务的通知》;同年12月,财政部、民政部、工商总局联合印发《政府购买服务管理办法(暂行)》;2014年,《广东省社会组织条例》对社会组织进行界定,从社会组织职能、法人治理、行为准则、财产和财务管理、权益保障、监督管理和法律责任等方面进行了系统规范。2016年6月,国务院办公厅发布《关于成立政府购买服务改革工作领导小组的通知》。2016年8月,中共中央办公厅、国务院办公厅印发《关于改革社会组织管理制度促进社会组织健康有序发展的意见》,强调积极培育扶持,又要加强事中事后监管,促进社会组织健康有序发展。

2. 行业管理

党的十八届三中全会提出,限期实现行业协会商会与行政机关真正脱钩，重点培育和优先发展行业协会商会类、科技类、公益慈善类、城乡社区服务类社会组织，成立时直接依法申请登记。加强对社会组织和在华境外非政府组织的管理，引导它们依法开展活动。2016年8月，中共中央办公厅、国务院办公厅印发《关于改革社会组织管理制度促进社会组织健康有序发展的意见》指出，支持社会组织尤其是行业协会商会在服务企业发展、规范市场秩序、开展行业自律、制定团体标准、维护会员权益、调解贸易纠纷等方面发挥作用。推动社会组织建立诚信承诺制度，建立行业性诚信激励和惩戒机制。社会组织健康发展，受社会组织的自主性、自我生存和自我管理能力以及同业组织的成熟程度的影响，同业监管和行业自律在社会组织管理中发挥重要作用，要同步重视行业组织的发展，促进行业自律发展。同业组织通过制订行业标准、对同业典型进行表彰或惩罚，起到规范引导作用。

3. 群团组织引领

在社会组织参与社会治理和服务中，需要群团组织的引领。2018年3月，《中共中央关于深化党和国家机构改革的决定》明确指出，要推进社会组织改革，深化群团组织改革，形成联系广泛、服务群众的群团工作体系。群团组织属于社会团体，广泛联系、服务群众，发挥政治上的桥梁和纽带作用。党的十八大之后，广东省成为探索枢纽型组织建设的先行地区，在2012年制定了《省社工委关于构建枢纽型组织体系的意见》。不同于北京和上海，广东省的枢纽型组织建设以发挥枢纽功能为核心，着力于构建围绕工会、共青团、妇联等人民团体的枢纽型组织体系，拓展工会、共青团、妇联等人民团体的服务范围。尝试构建群团组织对社会组织的治理作用。群团组织和社会组织一样服务群众，提供实体性服务。群团组织尽管不是民间组织，但它们是非营利组织，其性质属于社团性或服务实体性。从各种可见资料，对群团组织的要求既有社团性的，也有服务实体性的。如果群团组织偏重服务实体性，必将和民间社会组织产生竞争关系，体制内和体制外重复提供服务。如果发挥好群团组织的枢纽性作用，把群团组织界定为社团性非营利组织，民间社会组织以提供实体服务为主，则群团组织和民间社会组织的关系比较清晰，群团组织主要作用是枢纽性引领、凝聚和社会整合。

基本的问题是群团组织和社会组织的关系定位问题。群团组织与草根社会组织关系是传统群众工作和现代社会工作的关系。从服务人群和工作内容上来说，二者都是从事群众服务的社会工作。只是传统的工作理念、方式、方法和现代社会工作理念、方式、方法不同。随着社会分化加剧，社会问题越来越复杂，传统的群众工作已经不能解决现代社会面临的各种问题，群团组织需要转型升级，需要专业化的服务。群团组织有成型的工作网络和组织体系，可以说是体制内的群众工作组织；草根社会组织是体制外的群众工作组织，群团组织与草根社会组织的关系是体制内与体制外的关系，可以说在一定时期同时并列存在"双轨制"发展阶段。随着草根社会组织的发展壮大，开始探索社会组织治理，逐渐聚焦于群团组织对社会组织的引领、凝聚、管理和服务。群团组织与草根社会组织关系，是管理、竞争或合作的关系吗？将人民团体打造成枢纽型组织正是源于对草根社会组织治理的思路，是对社会组织双重管理制度取消后的替代尝试。如果群团组织与草根社会组织都是实体服务性组织，那么体制内与体制外都做同样的服务，必然会有重复、加大社会成本、彼此竞争等问题，今天群团组织孵化的社会组织明天可能是自己的竞争对手。如果群团组织管理草根社会组织，这又与政府职能转移、社会管理体制改革背道而驰。新生的社会组织刚解除双重管理枷锁，他们需要的是法律责任、行业自律和职业操守。从"双轨制"发展到枢纽型组织建设是发展和进步。随着公共服务社会化加深，社会和民间参与公共服务越来越多，社会组织会越来越蓬勃发展，需要枢纽性组织的引领、凝聚和服务的作用。作为党联系群众的纽带，群团组织要发挥枢纽性作用，要积极联系和引导相关社会组织。群团组织普遍具有较强的社会综合治理倾向的职能，是国家除党政机关之外，实现对社会的强力控制的另一重要途径。群团组织与国家体制上的制度化联结，以及群团组织在政治体制中的作用也更增强了群团组织的社会合法性。[1] 群团组织的属性和职能表明，由它来主导协同治理、凝聚引领社会组织提供公共服务更具优势，也是必然的选择：第一，群团组织的政治属性更能协助政府去聚焦更多的政策、产出与任务的达成；第二，群团组织的公信力和组织覆盖网络，可以通过完善的内部管理，提供更多的工具与弹性化的机制，去影响已经建立的网络关系，创造更大的公共利益。因此，群团组织在新时期的社会管理创新中必将找到自身不可替代的地位，并发挥出重要作用。

---

[1] 康晓光：《未来十年中国政治发展策略探讨》，《战略与管理》2003年第1期。

4. 枢纽型社会组织

为什么要建设枢纽型社会组织？最直接的原因是需要加强日益发展壮大的社会组织的管理和服务。有学者将枢纽型社会组织界定为：同类别、同性质、同领域社会组织中起桥梁纽带、聚合引领、集约服务作用的组织，枢纽型社会组织应具备孵化、整合、服务、引导四大基本功能。[①] 枢纽型社会组织包括人民团体、行业协会或联合会、综合性社会组织联合会或小区社会服务中心，广州市家庭综合服务中心作为小区社会服务中心代表，也是枢纽型社会组织。枢纽型社会组织的功能可分为培育孵化功能、联系服务功能、资源支持功能、人才聚集功能。枢纽型社会组织建设两条路径，一条路径是针对存量社会组织的联系、聚集路径，一条路径是针对新增社会组织的培育孵化路径。[②] 以广东省共青团为例，其通过"布局、建点、联网、激活"四项战略性工作构建枢纽型组织。[③]

枢纽型社会组织的提法最早出现在2008年，北京市社会工作委员会出台了《关于加快推进社会组织改革与发展的意见》，探索发展枢纽型社会组织工作体系的思路。而后，北京市政府出台的《关于构建市级"枢纽型"社会组织工作体系

---

① 刘海春：《共青团构建枢纽型社会组织的现实思考》，《中国青年政治学院学报》2013年第3期。
② 王鹏：《国家与社会关系视角下的枢纽型组织构建——以共青团为例》，《中国青年政治学院学报》2013年第5期。
③ 曾颖如：《共青团构建枢纽型组织的路径与思考》，《中国青年研究》2014年第5期。

的暂行办法》中对枢纽社会组织进行了明确的定义,指出枢纽型社会组织是由负责社会建设的有关部门认定,在对同类别、同性质、同领域社会组织的发展、服务、管理工作中,在政治上发挥桥梁纽带作用、在业务上处于龙头地位、在管理上承担业务主管职能的联合性社会组织。在随后的发展中,上海市浦东新区界定枢纽型社会组织为"在对同类别、同性质、同领域社会组织的发展、服务、管理工作中,在政治上发挥桥梁纽带作用,在业务上处于引领地位,在管理上经授权、承担业务主管单位一定的管理和服务职能的联合性组织"[1]。学术层面,有学者界定"枢纽型社会组织最主要的功能是在党和政府与各类专业性公益类社会组织之间发挥桥梁纽带作用。它把同类别、同性质、同领域、同地域的社会组织联合起来,在政府管理部门和社会组织之间,通过类似于社会组织联合体的实践载体,服务和管理一个系统、一个领域、一个地域的社会组织"[2]。有学者界认为"枢纽型组织的主体主要是党领导下的群众团体如工会、共青团、妇联、文联、残联等政治性团体","枢纽型组织的定位主要是国家和社会组织之间的桥梁纽带。枢纽型组织的主要职能是对社会组织进行凝聚、管理和服务"[3]。2012年《中共广东省委办公

---

[1] 浦东新区民政局:《关于印发〈关于"十二五"期间促进浦东新区社会组织发展的财政扶持意见〉实施细则的通知》,2011年9月20日。

[2] 顾维民:《"枢纽型"社会组织参与社会管理的实践探索与发展思考——以上海市静安区社会组织联合会为例》,《上海市社会主义学院学报》2012年第6期。

[3] 王鹏:《国家与社会关系视角下的枢纽型组织构建——以共青团为例》,《中国青年政治学院学报》2013年第5期。

厅、广东省人民政府办公厅转发〈省社工委关于构建枢纽型组织体系的意见〉的通知》中指出"构建枢纽型组织体系，是指在发挥工会、共青团、妇联等人民团体联系群众的体制优势和人才优势的同时，在竞争中培育发展一批枢纽型组织，协同相关社会组织参与社会服务，形成既有竞争又有合作的社会组织服务管理体系"。枢纽型组织不仅仅是指政府部门认定的社会组织，有很多民间组织虽然没有被称为枢纽型组织，但是它们一直在发挥着枢纽的作用。按照枢纽型组织的生成状态，枢纽型组织分为政府主导型和社会自发型两种。[①] 政府主导型枢纽型组织由政府扶持成立，以政府需求为主导，如设立社会组织联合会、社会组织服务中心等组织载体。它通过政府委托或授权的形式，对一个系统、一个领域的社会组织实施管理和服务。政府主导型枢纽型组织主要包括政治性人民团体、行业协会、联合性社会组织。社会自发型枢纽型组织是社会自发形成，包括兴趣类的自组织和行业协会类的联合性组织。

目前，各地探索实践社会组织的"枢纽式管理"，即在政府和社会组织之间设立联合会、服务中心等形式的组织载体，这些组织载体是政府扶持成立，以政府需求为主导的社会组织，可以称为政府主导型枢纽组织。枢纽概念的提出是源于对社会组织的治理，政府转移职能、社会组织承接公共服务是必然趋势，建设枢纽型组织是重要的战略任务。在各地的实践中，对枢纽型组织有三种理解。第一种是人民团体等于

---

① 李璐：《分类负责模式：社会组织管理体制的创新探索——以北京市"枢纽型"社会组织管理为例》，《北京社会科学》2012年第3期。

枢纽型组织；第二种是枢纽型组织等于人民团体加其他枢纽型组织；第三种是枢纽型组织等于其他枢纽型组织。在其他枢纽型组织中，还可分为政府主导的行业协会、社会组织联合会，社会自发形成的行业协会和社会组织联合会等。2015年以后，"枢纽型组织"似乎少人提及了。种种现象说明对群团组织、社会组织的定位不清，对二者的关系认识不清。

枢纽型组织是以服务为导向、合作为纽带、联合为方式、党建为引领，对同类别、同性质、同领域社会组织进行服务和管理的组织载体。以共青团为例，传统的服务模式下，共青团直接服务青年社会组织和青年群体；在枢纽型组织服务模式下，更加强化服务社会组织，并通过社会组织的带动枢纽作用去联系、服务广大青年群体，拓宽了服务的深度和宽度。

（四）发挥社会组织作用的政策措施

1. 进一步完善社会组织法律法规体系

法律法规体系完备，是社会组织管理的制度基础。社会组织依法参与社会治理是依法治国的重要方面，对于社会组织的定位要准确，明确社会组织的指导思想、性质、地位、作用、运作方式、奖惩办法、监管措施。通过立法，明确非营利的定义与标准，社会组织有偿服务与营利之间的界限模糊，造成人们对非营利社会组织公信力的误解和责难，同时影响人们对社会组织的信任和热情。进一步分类管理，不同类型的社会组织权力责任清晰界定。明确社会组织独立法人资格的社会地位，肯定社会治理行动的平等参与权利，明确社会组织在社会治理中的分工和业务范围。积极探索适合社会组织的税收优惠政策，鼓励和支持一切合法的社会组织充分发展，形成规模。

2. 积极推行社会组织法人治理结构

探索建立和完善现代社会组织制度，构建政社分开、管办分离、权责明确、依法自治的现代社会组织体制，形成科学有效的社会组织法人治理结构，确保社会组织依法自治、自主运营、自我发展、有效监督、发挥作用，使社会组织成为社会服务的承载体。规范组织治理结构。尝试在社会组织中推行"一章三会"（章程，理事会、执委会和监委会）法人治理模式，实现管理的规范化和有序化。建立健全社会组织设立、工作、监督、评估制度，引导社会组织规范化发展。加强社会组织年审，推行社会组织等级评估和信息公开，加强社会组织党建、团建工作，完善社会组织评估指标体系，坚持社会组织参与社会治理的民间性、公开性和公益性。推动社会组织实现自我运行、自我发展。

3. 大力构建枢纽型社会服务工作体系

构建以人民团体为骨干的社会组织枢纽型工作体系，发挥其政治上的桥梁纽带作用、业务上的龙头引领作用、日常服务管理上的平台作用，探索枢纽型社会组织联系、引领和服务本领域、同类别民间草根组织的机制。枢纽型社会组织要厘清自身与其他社会组织的关系。枢纽型社会组织优势在于发挥党和群众之间的桥梁和纽带作用，目标是实现登记管理机关依法监督下的"以社管社"，但绝不能以行政管理的方法去管理其他社会组织。应通过自律规范、引领服务等柔性工作方式，在服务中体现管理。因此，枢纽型社会组织可通过组织章程将职能限定在协调指导、自律管理、自我服务和政治引领上，通过激发所联系的社会组织的自身需求，引导社会组织认同和接纳这一管理模式，将自身建成凝聚会员的载体、合作共治的平台。群团组织要发挥枢纽性引领作用，要加强自身的组织能力建设，理顺组织工作流程，把同领域社会组织纳入组织体系和工作体系，探索与之相适应的组织设置、工作机制，构筑组织枢纽，建立社会服务体系。以项目管理为纽带，以整合资源、社会化运作为工作机制，建立以群团组织为核心，体制内与体制外结合，纵向与横向交织，差异有序的枢纽型组织网络，在政策引领、管理服务、品牌推广、项目合作、资源整合上发挥枢纽性作用，形成有活力、有效率、有特色的社会服务体系。

4. 加强社会组织能力建设，为社会组织服务提供支持

加大政策支持力度，推动出台提升社会组织能力、促进社会组织发展的文件及相关政策。加强社会组织能力建设，为社会组织发展提供政策咨询、技术支持、活动场地支援。要多搭台，建立项目对接平台、宣传推介平台、评选展示平台、信息交流平台，走进社会组织，发掘典型案例，以典型塑造典范，以典范带动社会服务水平的整体提升。要为社会组织的发展提供资金支持，以项目委托或者合作的方式为社

会组织发展提供支持。要定期举办社会组织骨干培训班，培养和储备社会组织领军人才；要提供社会组织工作人员培训，为需要提高技能的社会组织工作人员提供学习机会。强化典型示范，挖掘社会组织中的优秀个人和组织，并给予荣誉称号，开展年度表彰，并通过媒体向全社会展示，吸引更多组织加入体系构建。搭建沟通对话平台，建立各级党代表、人大代表、政协委员与社会组织定期沟通机制，畅通社会组织诉求表达有效渠道，促进社会组织健康发展。

化解外来人口治理难题

2017年末，全国流动人口规模达到2.44亿人①，虽然近年来流动人口规模增速在放缓，但绝对量仍然十分巨大。做好流动人口的服务和管理，是我国社会治理一项极为重要的工作。广东是流动人口聚集大省，2017年广东的流动人口规模达到4048万人，②占全国流动人口的16.59%。对广东来说，流动人口多是社会治理的一大难题，亟须创新社会治理方式化解外来人口治理难题。

大规模外来人口流向广东，为广东经济发展、社会进步做出了重大贡献。但由于户籍制度以及城乡二元结构的限制，流动人口虽然居住、工作、生活在城市却无法获得城市居民的身份和权利，也难以享受城市的社会福利及公共服务。随着外来人口举家迁移和在流入地长期居留趋势明显，他们对就业、住房、教育、社保、健康等需求日益增长，"让他们逐步公平享受当地基本公共服务"③是补齐民生短板的关键领域。外来人口治理要"切实做到人民有所呼、改革有所应"④，促进社会公平正义，"从源头上预防和减少社会矛盾的产生"⑤，维护社会和谐稳定；同时激发外来人口在城市自主建设、共同参与的责任感以及共同享受的成就感，"使人民获得

---

① 《中华人民共和国2017年国民经济和社会发展统计公报》，国家统计局2018年2月28日。
② 《广东省流动人口达4048万人，珠三角为主要流入区》，《南方日报》2017年7月11日。
③ 《在党的十八届五中全会第二次全体会议上的讲话（节选）》，《人民日报》2016年1月1日。
④ 《习近平谈治国理政》（第二卷），外文出版社2017年版，第103页。
⑤ 《习近平谈治国理政》，外文出版社2014年版，第204页。

感、幸福感、安全感更加充实、更有保障、更可持续"①。

（一）外来人口治理的广东实践

总体而言，广东省外来人口治理经历了理念和模式的"双重转变"；与此同时，在推进新型城镇化过程中创造性地提出了"积分入户"政策，为新时代化解外来人口治理难题提供了实践经验。

1. 理念转变：从"限制控制"到"包容服务"再到"共建共治共享"

城市对外来人口的称呼不断发生变化：从"暂住人口""打工仔/妹"，到"流动人口""外来人口"，再到"新市民""新XX人"。这种转变反映了外来人口治理理念的不断推进，具体表现为：从限制到包容服务再提升到共建共治共享。

改革开放之初，城市对外来人口采取"防范式控制管理"。当时城市管理的重点不在于如何为外来人口提供服务，而是防范他们给城市带来负面效应。20世纪90年代以来，我国经济驶入发展快车道，国家对流动人口管理的政策由"控制盲目流动"调整为"鼓励、引导和实行宏观调控下的有序流动"，对外来人口建立了以包容服务为主的管理理念。2009

---

① 《决胜全面建成小康社会　夺取新时代中国特色社会主义伟大胜利》，人民出版社2017年版，第45页。

年广东省人大常委会将《广东省流动人口管理规定》修订为《广东省流动人口服务管理条例》（下称"新条例"）。新条例将"服务"置于"管理"前，可见政府对外来人口从"管理"转变为"服务管理"。随着我国城镇化进程的加快，外来人口在全面建设小康社会中的突出贡献得到社会认同，他们在城市的融入程度不断增强。城市对外来人口的态度也从"外来人"变成"自家人"，逐渐形成了共建共治共享的社会治理理念。

共建共治共享外来人口治理理念的形成，是新时代社会治理的内在要求。习近平总书记指出："要加强人口服务管理，更多运用市场化、法治化手段，促进人口有序流动。"[1]一方面，加快户籍制度改革，打破城市本地人、外地人二元结构，"促进有能力在城镇稳定就业和生活的常住人口有序实现市民化，稳步推进城镇基本公共服务常住人口全覆盖"[2]，"使改革成果更多更公平惠及全体人民"[3]。另一方面，"拓展外来人口参与社会治理的途径和方式，发挥外来人口积极性，共同营造良好社会秩序"[4]，形成人人参与、人人尽责的社会治理局面。

---

[1] 《习近平关于全面深化改革论述摘编》，中央文献出版社2014年版，第102页。

[2] 《改革要聚焦聚神聚力抓好落实 着力提高改革针对性和实效性》，《人民日报》2014年6月7日。

[3] 《坚持运用辩证唯物主义世界观方法论 提高解决我国改革发展基本问题本领》，《人民日报》2015年1月25日。

[4] 《营造社会治理新格局 发力"五大重点"》，《南方日报》2018年3月8日。

---链接---

广州——搭建议事平台，共建共享，"外来人"变"自家人"

广州市白云区三元里街道松柏岗社区成立了广州首个共治议事会。议事会的13名成员中，本地人和异地务工人员代表各6名，还有一名是街道民政科负责人兼任理事长，他们共同管理社区公共事务。一个"老广""新广"共治的三元里初见雏形。

来穗人员共治议事会，作为基层民主协商平台，就社区公共建设、公共利益等事情设置议题，吸引来穗人员与本地居民共同参与，献计献策，变"外来人"为"自家人"。让外来人口真正参与社区共建共治，有效填补了外来人口参与流入地社区自治共治的"制度空白"。

（资料来源：《人民日报》2016年6月6日）

2. 模式转变：从"单一管理"向"多元服务"转变

外来人口管理理念直接影响着城市外来人口的工作内容和工作模式。换句话说，防范式限制管理侧重限制；包容式的服务管理则是服务与管理并重；共建共治共享治理理念旨在通过共建共治实现共享改革成果。

"多元服务"主要体现在两个方面。一是服务对象多元化。人口流动初期，受限于流动成本和流动风险，家庭的青壮年劳动力会首先外出流动。流动劳动力在流入地稳定居住后，会逐渐将孩子和老人等家庭成员带到流入地，实现家庭团聚。流动人口由"单枪匹马"到"夫妻同行"再到"携幼扶老"的家庭式流动过程，流入地政府的服务对象也由单一的劳动就业人口转变成"上有老、下有小"的流动家庭。

二是服务内容多元化。服务对象多元化直接决定了服务内容多元化，同时也增加了社会治理的复杂性。"单枪匹马"时期侧重流动人口的就业服务和劳动权益保障等服务；"携幼扶老"时期流动人口的公共服务需求更为多元。

链 接

广州出台来穗人员融合行动计划 让外来人口全方位融入羊城

《广州市来穗人员融合行动计划（2016—2020年）》（以下简称《融合行动计划》）提出，广州计划用5年左右时间，通过设置开展全方位的专业化、个性化、优质化融合项目培训，加快推进来穗人员在文化、经济、政治、生活等领域全方位融入广州社会，努力实现广大来穗人员"上岗有培训、劳动有合同、子女有教育、生活有改善、政治有参与、维权有渠道、生活有尊严"，有效促进来穗人员"个人融入企业、子女融入学校、家庭融入社区、群体融入社会"。

（资料来源：《南方日报》2016年1月5日）

---

3. 积分落户的广东经验

《广东省流动人口服务管理条例》提出"居住证持证人在同一居住地连续居住并依法缴纳社会保险费满七年、有固定住所、稳定职业、符合计划生育政策、依法纳税并无犯罪记录的，可以申请常住户口"。在此基础上，中山市率先推行流动人员积分制入户改革。2010年6月，广东省人民政府发布《关于开展农民工积分制入户城镇工作的指导意见（试行）》，在全省实施农民工积分入户。自积分入户制度实施以来，各地根据本地区实际情况，进一步调整积分政策、降低准入门槛；简化入户政策、畅通入户渠道、扩大积分入户规模；放开直系亲属投靠，优先解决流动人口存量问题。《广东省推动非户籍人口在城市落户实施方案》进一步拓宽了落户渠道，调整完善大中城市落户政策，要求城区常住人口300万以下的城市不得采取积分落户方式，省内大城市的落户条件中，对参加城镇社会保险的年限要求不得超过5年，其他城市不得超过3年。根据这一规定，各市对积分入户政策做了相应的调整，而珠海、江门和河源等市则相继取消了外来人口积分制入户政策。

《广东省国民经济和社会发展第十三个五年规划纲要》指出，以资源环境承载力为基础，结合城市规模，推进差别化户籍制度改革，到2020年，广东实现1300万左右的农业转移人口和其他常住人口在广东省城镇落户，其中本省户籍人口不少于600万，外省户籍不少于700万。这意味着外来人口可以凭借学历、技能、社保年限等因素获得入户资格。在出台积分落户政策以前，外来人口看不到成为本地市民的机会和希望。但是，积分落户政策给了外来人口获得本地户口的机会，构造了一种社会阶梯。积分落户政策，一方面不断推进城市基本公共服务常住人口全覆盖，促进了社会公平正义，使发展成果更多更公平惠及全体人民，增强了人民（特别是外来人口）的获得感；另一方面，促进了流动人口从"外来人"向"自家人"转变，提升了城市非户籍人口的归属感、安全感和幸福感，激励非户籍人口持之以恒努力工作，实现自身发展和城市建设的双丰收。

在党和国家的领导下，广东秉承着"先行先试""勇于担当"的精神，在外来人口治理上取得了巨大的成绩，外来人口治理的理念转变、模式转变、积分制入户为新时代化解外来人口治理难题提供了宝贵的经验。同时我们也认识到，流动人口多仍然是广东社会治理的一大难题，化解外来人口难题仍面临着巨大的挑战。

（二）外来人口治理的短板与挑战

1. 外来人口规模巨大，社会治理难度大

2010年，第六次全国人口普查资料显示，广东省人口规模居全国各省、市、自治区之首，达到10430万人；不仅如此，现居住地与户口登记地所在的县（市、区）不一致且离开户口登记地半年以上的流动人口规模巨大，达3139万人，占全省常住人口的30.10%。流动人口规模仍持续增长。

20世纪90年代以来，广东省流动人口一直具有规模大、增长快的特点。具体来说，1990年广东省流动人口为393万人，以省内流动为主；2000年广东省流动人口规模快速增长至2105万人，年增长率高达18.28%，并且省外流动人口规

模是省内流动人口的 2.52 倍，同时常住人口中的流动人口能见度逐渐加强，每 4 个常住人口中就有 1 个流动人口。随后，广东省流动人口进一步增加，到 2017 年流动人口规模达到 4048 万人①，占广东省常住人口②的 36.24%，并且省外流动人口继续作为广东省流动人口的主体，流动人口能见度进一步加强。

表 13-1　广东省流动人口状况③

	1990 年	2000 年	2010 年	2017 年
流动人口规模（万人）	393	2105	3139	4048
占常住人口比重（%）	6.25	24.36	30.10	36.24
省外流动人口（万人）	126	1506	2150	2943
省内流动人口（万人）	267	599	989	1105

规模大、增长快的流动人口在推动经济发展的同时，也为广东省的社会治理提出了很多挑战，是广东省在创新社会治理体制机制中不可忽视的重要议题。流动人口居留方式日趋常住化和家庭化，年龄结构和户结构正发生新的变化，家庭户数量逐步增加，少年儿童以及老年人口等非劳动力人口

---

① 数据由广东省卫生计生委副主任陈义平在"2017 年第 28 个世界人口日专题座谈会"上公布。

② 2017 年年末广东省常住人口为 11169 万人，参见 2017 年《广东国民经济和社会发展统计公报》。

③ 广东省人口普查办公室：《广东省 1990 年人口普查资料》，中国统计出版社 1992 年版，第 262—263 页；广东省人口普查办公室：《广东省 2000 年人口普查资料》，中国统计出版社 2002 年版，第 51 页；广东省统计局、广东省人口普查办公室：《广东省 2010 年人口普查资料》，中国统计出版社 2012 年版，第 56 页；2017 年数据由广东省卫生计生委副主任陈义平在"2017 年第 28 个世界人口日专题座谈会"上公布。

占比逐步提高。随着这些结构的改变，流动人口子女入托入学、妇幼保健等公共服务和家庭住房的需求越来越迫切。虽然在流动人口公共政策、基本公共服务均等化政策方面有所突破，但流动人口融入城市的障碍依然存在。特别是由代际转换引发的新生代农民工的社会融入问题，将成为新时期广东社会矛盾调解的重要方面。新生代流动人口更看重闲暇生活质量、工作挑战性与满足感，这些变化使得他们的社会融入存在诸多障碍，给城市社会治理带来新的考验。

2. 流动人口集聚在珠江三角洲，人口地域分布极不均衡

2015年1%人口抽样调查结果显示，广东省流动人口的分布很不均匀，呈现出地区差异悬殊的三个等级。首先，流动人口最为集中的是珠三角的四个核心城市，即广州、深圳、东莞、佛山，这四个城市集中了全省72.90%的流动人口；其次，珠三角其他城市的流动人口也比较集中，惠州、中山、江门、珠海、肇庆五城市集中了全省16.73%的流动人口，可见，广东省绝大部分流动人口集中于珠三角各市（占89.63%）；再次，粤东、粤西和粤北的流动人口规模非常小，与珠三角各市形成明显的两极分化格局。

从趋势上看，珠三角地区人口还在不断聚集，人口地区分布不均衡进一步加剧。人口地区分布不均衡，一方面加剧了广东内部区域的发展差距，一个地方越穷，人越往外走，而人越少又越难发展；另一方面，随着经济社会发展和城镇化的快速推进，人口流动依然活跃，经济发达地区人口聚集度加大，人口地区分布不平衡将进一步加剧。人口进一步向大城市集聚，将会加重城市地区尤其是珠三角城市群地区的

资源环境压力，公共服务供给与人口发展需求的矛盾仍将长期存在。

3. 随迁子女义务教育阶段实现"两为主"任重而道远

广东省既是流动儿童大省也是留守儿童大省。2015年广东省0~17岁流动儿童规模高达410万人，流动儿童在流入地入读公办全日制中小学面临着严峻挑战。"外来工子女教育问题具有普遍性"，为有效解决随迁子女入学问题，广东省各地纷纷出台"积分入学"政策。《广州市教育事业发展第十三个五年规划》显示，2015年来穗人员随迁子女义务教育阶段以积分入学等方式入读公办学校和以政府补贴民办学校学位的比例达到42.33%。虽然随迁子女的受教育问题得到一定缓解，但现行积分入学的可供学位数远远不能满足随迁子女的教育需求，低学历、低收入农民工的随迁子女仍难以受惠，仍有很大部分流动儿童就读民办学校或者条件简陋的打工子弟学校。

习近平总书记强调："我们现在推动城镇化建设，千方百计让进城务工人员能够在城市稳定地工作生活，孩子能进城的随着进城，解决留守问题"[①]，"努力让每个孩子都能享有公平而有质量的教育。"[②] 留守儿童问题的根本解决之道是让留守儿童"随迁"。广东省，特别是珠江三角洲，集聚了规模如此庞大的流动人口，随着流动人口家庭式流动的普遍，流动

---

① 《习近平：发展是第一要务，人才是第一资源，创新是第一动力》，新华网2018年3月7日。

② 《决胜全面建成小康社会　夺取新时代中国特色社会主义伟大胜利》，人民出版社2017年版，第46页。

儿童规模将进一步增加。作为流入地应未雨绸缪，优先落实儿童基本公共服务，特别要将流动儿童的教育保障放在公共服务体系的核心位置。

链 接

随迁子女平等接受教育的"两为主"政策在《国家中长期教育改革和发展规划纲要（2010—2020年）》中提出，具体表述为"以'坚持以流入地政府管理为主、以全日制公办中小学为主'（简称'两为主'），确保进城务工人员随迁子女平等接受义务教育"。

（内容经作者整理而得）

---

4. 促进常住人口基本公共服务"全覆盖""均等化"面临巨大挑战

随着经济的发展和政府认识的转变，外来人口通过积分入户、物业置业、社会保障等方式，开始享有本地的基本公共服务，流动人口的社会保障的本地化水平在提高，如解决移民子女的入学问题，为其提供基本社会保障服务等。但能够享受基本公共服务的移民毕竟有限，在享有的质量上也依旧处于劣势。一般而论，进城务工人员既然是广东繁荣的重要创造者，就理所应当得到基本公共服务的"同城待遇"，与本地人共享改革发展成果，而不能排斥在基本公共服务均等化之外。

"稳步推进城镇基本公共服务常住人口全覆盖"[①],努力实现基本公共服务常住人口均等化是促进社会公平正义的重要体现。由于城乡二元体制的存在,以农民工为主体的流动人口在"幼有所育、学有所教、劳有所得、病有所医、老有所养"[②]等方面,仍难以全覆盖、依然无法拥有和流入地居民一样的平等权利,无法真正地融入当地。一方面,大量外来人口的涌入给原来仅仅用于为城市户籍人口配套的公共教育、公共卫生、公共交通、公共治安等基本公共服务供给带来沉重压力。另一方面,规模庞大的流动人口居留方式日趋常住化和家庭化,但其城市融合程度不高,给城市综合治理带来新的考验。

5. 流动人口融入当地社会愿望强烈,但社会参与不充分

《中国流动人口发展报告(2015)》指出,半数以上流动人口有今后在现居住地长期居留的意愿。现阶段流动人口的居留稳定性增强,融入城市的愿望强烈。大多数流动人口关心现居住地的发展和变化,愿意参与所在工作单位或所居住社区管理和选举活动,逐步融入当地社会。但流动人口与现居住地其他社会群体交流不多,社会交往仍局限在原有的亲缘、同乡等社会关系,参加当地社会活动比例较低[③];政治参

---

① 《改革要聚焦聚神聚力抓好落实　着力提高改革针对性和实效性》,《人民日报》2014年6月7日。

② 《决胜全面建成小康社会　夺取新时代中国特色社会主义伟大胜利》,人民出版社2017年版,第23页。

③ 国家人口和计划生育委员会流动人口服务管理司:《中国流动人口发展报告2012》,中国人口出版社2012年版。

与程度远远低于城市户籍人口的政治参与程度①；参与社区文体活动少、社区文化参与自主性低②。随着外来人口的代际更替，新生代流动人口的公平意识、民主意识、权利意识不断增强，主动参与社区治理、社区活动的愿望日趋强烈。利益诉求渠道不断畅通、社会参与渠道得到拓宽、业余文化精神生活不断丰富已成为流动人口的新渴望。③

（三）多措并举化解外来人口治理难题

1. 以区域协调发展为驱动，促进人口有序流动

习总书记指出，"缩小粤东粤西粤北与珠三角发展差距，是广东区域协调发展的紧迫任务"④，"要加强人口服务管理，更多运用市场化、法治化手段，促进人口有序流动"⑤。区域经济发展与人口集聚能力密切相关，区域经济发展越快、越

---

① 熊光清：《流动农民与非流动农民参与村民自治的比较分析》，《甘肃行政学院学报》2009年第6期。

② 姚华平、陈伟东：《城市农民工社区文化参与及其相关性因素分析》，《理论与改革》2006年第3期。

③ 段成荣、吕利丹、邹湘江：《当前我国流动人口面临的主要问题和对策——基于2010年第六次全国人口普查数据的分析》，《人口研究》2013年第37期。

④ 《做好广州对口帮扶清远梅州工作》，《广州日报》2018年3月12日。

⑤ 《习近平关于全面深化改革论述摘编》，中央文献出版社2014年版，第102页。

好其人口集聚能力就越强。为防止人口流动与地区发展的"马太效应"（即欠发达地区发展缓慢导致人口外流，进而引发地区发展劳动力不足的恶性循环），需要统筹城乡区域协调发展，引导人口与经济布局有效对接，以区域协调发展带动人口流动合理有序，实现人口与技术、产业、公共服务、社会就业良性互动。

第一，优化提升珠三角地区城市群，适度增加佛山、中山、珠海、江门、肇庆和惠州市的人口集聚；培育发展粤东西北地区城镇体系，加快建设粤东城市群，强化中心城市对周边城镇的辐射带动作用，引导区域内人口就近集聚，推动产业集聚与人口集聚同步发展。

第二，促进珠江三角洲和粤东西北城市融合互动发展。优化全省城镇化布局和形态，增强珠三角城市群的辐射带动作用，引导人口有序集聚和流动，促进区域人口合理布局。

2. 以信息化为依托，提高外来人口治理"四化"水平

提高外来人口治理"社会化、法治化、智能化、专业化水平"[①]，广东省需要建立健全流动人口的信息系统，并充分利用各地区流动人口的新特征、新变化，尽快实现各项社会制度的改革。

第一，全面实施流动人口登记制度，完善流动人口动态监测机制，实时掌握流动人口变化情况。以常住人口为基本要素，完善公共服务资源配置，使基本公共服务设施布局、

---

① 《完善中国特色社会主义社会治理体系 努力建设更高水平的平安中国》，《人民日报》2016年10月13日。

供给规模与人口分布、环境交通相适应,增强基本公共服务对人口集聚和吸纳能力的支撑。

第二,整合有关部门的人口信息资源,建立省级人口综合信息服务管理平台,逐步实现跨层级、跨部门、跨地区信息整合和共享,形成并稳固流动人口服务管理"一盘棋"工作格局,实现流入地和流出地人口服务管理的"双向互动"。目前广东已与湖南、江西两省全员人口信息实时对接,未来将启动与四川、广西等省区的对接。

3. 以户籍制度改革为契机,稳步推进基本公共服务均等化

加快户籍制度改革,"总的政策要求是全面放开建制镇和小城市落户限制,有序放开中等城市落户限制,合理确定大城市落户条件,严格控制特大城市人口规模,促进有能力在城镇稳定就业和生活的常住人口有序实现市民化,稳步推进城镇基本公共服务常住人口全覆盖"[①]。户籍制度改革不是简单的户口迁移,核心在于改革附着在户口上的城乡二元结构和资源利益分配,关键是要以改革创新精神推进基本公共服务均等化,这是化解外来人口治理难题的着力点。

户籍改革的目标是让外来人口能够享有与当地居民同等的基本公共服务。在城市承载力和资源限制下,这个目标不可能一蹴而就,所以实施了居住证制度。居住证制度是城市公共服务的载体,是公共服务均等化的第一段通道。国务院

[①]《改革要聚焦聚神聚力抓好落实 着力提高改革针对性和实效性》,《人民日报》2014年6月7日。

下发的《推动1亿非户籍人口在城市落户方案》中指出，推进居住证制度覆盖全部未落户城镇居住人口，缩小居住证持有者与户籍人口享有的基本公共服务的差距。以居住证为依托，积分落户政策是公共服务均等化的终极通道。在居住证的基础上，完善积分入户政策，逐步实现城市新老居民同城同待遇。

4. 以基层治理为抓手，多渠道拓展外来人口参与社会治理的途径和方式

对广东来说，流动人口多是社会治理的一大难题。要拓展外来人口参与社会治理的途径和方式，发挥外来人口积极性，共同营造良好社会秩序。

第一，加强外来人口参与基层治理的法制建设。现有外来人口基层参与的相关制度操作性不强。要抓紧修改完善相关法律法规，明确外来人口在社区自治中的主体地位，理清外来人口参与的权利和义务，设立参与的合理程序，确保外来人口参与社区治理的合法化、制度化和规范化。

第二，党组织、政府、社会组织和社区多方并举，带动外来人口参与社会治理。目前外来人口参与社会治理的空间较为狭窄。党组织要加强政治领导，积极吸纳社区外来人口中的积极分子入党，带动外来人口参与社区治理；政府要完善政府有关社区决策听取外来人口意见的制度，健全外来人口利益表达机制；培育社区外来人口组织，提高外来人口参与社区治理的组织化程度；社区要努力营造开放、共享、友好的社区文化氛围，建立新老居民之间互信、互惠、互助的良好关系，提升外来人口参与社会治理的社会资本。

第三，激发外来人口参与社会治理的热情。外来人口有效参与社会治理，既需具备"想参与"的动力，又要有"能参与"的能力。外来人口参与社会治理的热情得到一定程度激发，但"旁观"心理和"过客"心态依然存在，主动参与的积极性还不高。要把外来人口的利益和社区利益有机结合起来，构建社区利益共同体。同时，政府和社区要加大对外来人口的教育培训力度，提高外来人口的文化、法治和政治等素质，促进外来人口理性、有序参与社区治理活动。

第四，拓展外来人口社会治理参与方式。当前，外来人口参与社会治理的方式有限。要不断创新外来人口参与社会治理的有效方式，更好满足外来人口的参与需求。借助网络技术进一步畅通外来人口的利益表达机制。网络参与具有直接性、平等性、便捷性等优点，要充分利用社区QQ群、微信、社区微博、网络社区论坛等载体，加大社区信息披露与意见交流力度。

主要参考文献

1. 习近平：《决胜全面建成小康社会 夺取新时代中国特色社会主义伟大胜利——在中国共产党第十九次全国代表大会上的报告》，北京：人民出版社 2017 年版。

2. 习近平：《习近平谈治国理政（第二卷）》，北京：外文出版社 2017 年版。

3. 习近平：《习近平谈治国理政》，北京：外文出版社 2014 年版。

4. 中共中央文献研究室：《习近平关于全面深化改革论述摘编》，北京：中央文献出版社 2014 年版。

5. 习近平：《在党的十八届五中全会第二次全体会议上的讲话（节选）》，《求是》2016 年第 1 期。

6. 胡春华：《深入贯彻习近平总书记治国理政新理念新思想新战略 努力在全面建成小康社会 加快建设社会主义现代化新征程上走在前列——在中国共产党广东省第十二次代表大会上的报告》，《南方日报》2017 年 5 月 31 日。

7. 广东省社会科学院：《广东省经济社会发展报告（2018）》，广州：广东人民出版社 2018 年版。

8. 蒋斌、王珺主编：《广东 2035：发展趋势与战略研究》，北京：社会科学文献出版社 2018 年版。

9. 国家人口和计划生育委员会流动人口服务管理司：《中国流动人口发展报告2012》，北京：中国人口出版社2012年版。

10. 俞可平：《治理与善治》，北京：社会科学文献出版社2000年版。

11. 郑杭生：《社会学概论新修（第四版）》，北京：中国人民大学出版社2013年版。

12. 刘小敏、左晓斯、杨雪：《共建共享：习近平社会体制改革思想研究》，载慎海雄主编《习近平改革开放思想研究》，北京：人民出版社2018年版。

13. 何凌南、毛思璐、张志安：《2015年广东省城市网民社会心态报告》，载王俊秀主编、陈满琪副主编《中国社会心态研究报告（2016）》，社会科学文献出版社2016年版。

14. 蔡禾、张蕴洁：《城市社区异质性与社区整合——基于2014年中国劳动力动态调查的分析》，《社会科学战线》2017年第3期。

15. 陈潭、史海威：《社区治理的理论范式与实践逻辑》，《求索》2010年第8期。

16. 段成荣、吕利丹、邹湘江：《当前我国流动人口面临的主要问题和对策——基于2010年第六次全国人口普查数据的分析》，《人口研究》2013年第2期。

17. 顾维民：《"枢纽型"社会组织参与社会管理的实践探索与发展思考——以上海市静安区社会组织联合会为例》，《上海市社会主义学院学报》2012年第6期。

18. 侯利文、张宝锋：《网格化与居站分离：逻辑、困局与反思》，《学术论坛》2014年第12期。

19. 江必新、李沫：《论社会治理创新》，《新疆师范大学学报（哲学社会科学版）》2014 年第 2 期。

20. 康晓光、韩恒：《分类控制：当前中国大陆国家与社会关系研究》，《社会学研究》2005 年第 6 期。

21. 李培林：《用新思想指导新时代中国的社会治理创新》，《人民日报》2018 年 2 月 6 日。

22. 刘传铭、乔东平、王金顺：《我国政府与社会组织之间的关系研究——基于北京、上海、广州、深圳的调查研究》，《经济研究参考》2012 年第 22 期。

23. 刘海春：《共青团构建枢纽型社会组织的现实思考》，《中国青年政治学院学报》2013 年第 3 期。

24. 马庆钰：《共建共治共享社会治理格局的意涵解读》，《行政管理改革》2018 年第 3 期。

25. 夏建中：《从街居制到社区制：我国城市社区 30 年的变迁》，《黑龙江社会科学》2008 年第 5 期。

26. 熊光清：《流动农民与非流动农民参与村民自治的比较分析》，《甘肃行政学院学报》2009 年第 6 期。

27. 徐选国、杨擎：《农村社区发展、社会工作介入与整合性治理——兼论我国农村社会工作的范式转向》，《华东理工大学学报（社会科学版）》2016 年第 5 期。

28. 燕继荣：《现代国家治理与制度建设》，《中国行政管理》2014 年第 5 期。

29. 杨泽森：《三重能力视角下广东社会稳定治理体制建设》，《岭南学刊》2017 年第 6 期。

30. 姚华平、陈伟东：《城市农民工社区文化参与及其相关性因素分析》，《理论与改革》2006 年第 3 期。

31. 王名:《非营利组织的社会功能及其分类》,《学术月刊》2006年第9期。

32. 王鹏:《国家与社会关系视角下的枢纽型组织构建——以共青团为例》,《中国青年政治学院学报》2013年第5期。

33. 王向民:《分类治理与体制扩容：当前中国的社会组织治理》,《华东师范大学学报（哲学社会科学版）》2014年第5期。

34. 曾颖如:《共青团构建枢纽型组织的路径与思考》,《中国青年研究》2014年第5期。

35. 郑杭生:《"理想类型"与本土特质——对社会治理的一种社会学分析》,《社会学评论》2014年第3期。

36. Rhodes R A W, The New Governance: Governing without Government, *Political Studies*, 1996, 44 (4): 652-667.

37. World Bank, *Sub-Saharan Africa: from Crisis to Sustainable Growth: A Long-Term Perspective Study.* Washington, DC., The World Bank, 1989.

后 记

习近平总书记参加十三届全国人大一次会议广东代表团审议时强调，广东既是展示我国改革开放成就的重要窗口，也是国际社会观察我国改革开放的重要窗口，广东要在构建推动经济高质量发展的体制机制、建设现代化经济体系、形成全面开放新格局、营造共建共治共享社会治理格局上走在全国前列。为深入学习贯彻党的十九大精神，奋力推动习近平新时代中国特色社会主义思想在广东落地生根、结出丰硕成果，广东省社会科学院与广东人民出版社共同组织编写《"四个走在全国前列"系列学习读本》丛书。

广东省社会科学院党组对编写工作非常重视，中共广东省委宣传部副部长、省社科院党组书记蒋斌同志，党组副书记、院长王珺同志亲自担任丛书主编，对丛书的编写和出版工作给予精心指导。党组成员、副院长刘小敏、周薇、章扬定、赵细康、袁俊同志多次组织并参与编写组专门会议，商定丛书编写工作。省出版集团、南方出版传媒和广东人民出版社领导也对编写出版工作给予高度重视和大力支持，选派精干编辑队伍，对编写全过程予以协助。

《"四个走在全国前列"系列学习读本》丛书由广东省习近平新时代中国特色社会主义思想研究中心和广东省社会科

学院科研处统筹协调，相关研究部门的专家学者执笔编写，是集体智慧和心血的凝聚。丛书共分为4册，具体为：《跨越关口——在构建推动经济高质量发展的体制机制上走在全国前列》《引领潮流——在建设现代化经济体系上走在全国前列》《内外联动——在形成全面开放新格局上走在全国前列》《长治久安——在营造共建共治共享社会治理格局上走在全国前列》。本丛书以习近平新时代中国特色社会主义思想为指导，紧紧围绕广东历史基础与发展实际，对习近平总书记在参加十三届全国人大一次会议广东代表团审议时的重要讲话精神和"四个走在全国前列"的精神实质进行深入细致的研究，系统论述习近平新时代中国特色社会主义思想在广东具体化的理论逻辑和实践逻辑，探讨广东更好地完成"四个走在全国前列"光荣历史性任务的发展路径与思路对策。

本书是《"四个走在全国前列"系列学习读本》之一。作者在写作中努力学习党的十八大、十八大三中全会和十九大报告（特别是关于社会治理的论述）、习近平总书记系列重要讲话，特别是其中对广东工作的指示精神，同时较为全面总结概括党的十八大以来广东省社会治理方面取得的成就和经验，分析研究当前面临的主要挑战，探讨未来在营造共建共治共享社会治理格局走在全国前列的重点领域和实现路径。

本书由广东省社会科学院社会学与人口学研究所专家撰稿，左晓斯研究员统筹统稿。本书前言由左晓斯研究员编写。全书共分十三章，其中第一章由杨雪、张桂金博士撰写，第二章由杨雪博士撰写，第三章由梁理文研究员撰写，第四章由周仲高研究员、张桂金博士撰写，第五章由周仲高研究员撰写，第六章、第十章由柏萍研究员撰写，第七章、第八章和第九章由黄彦瑜博士撰写，第十一章、第十二章由刘梦琴研究员撰写，第十三章由赖妙华博士撰写。

在本书策划、编写和出版过程中，中共广东省委宣传部、广东省新闻出版广电局给予了大力支持和具体指导，广东人民出版社钟永宁总编辑和政治读物编辑室的同志付出了大量的心血和劳动，在此表示衷心感谢！

由于编写时间有限，加上撰稿者理论素养、政策水平和实践经验不足，书中或有疏漏或不当之处，敬请各位读者批评指正。

本书编写组
2018年5月